● 全国青少年校园足球推荐教材
● 中国足球协会五人制足球指导教材

青少年五人制足球

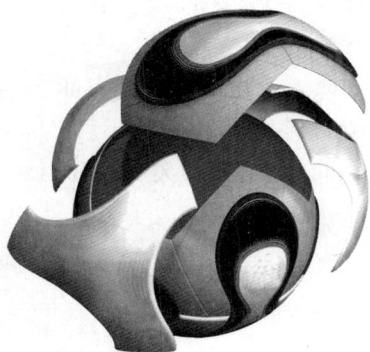

（俄）谢苗·安德烈耶夫 著

孙 新 生 译

吉林人民出版社

内容简介

　　该书对五人制足球的运动做了详细的描述。对中小学生身体的发育特点、对青少年五人制足球在校内比赛的组织工作和基本规则，特别是对五人制足球的教学与训练、裁判与法规、技术与技术训练、战术与战术训练、力量与速度训练、耐力与灵活的训练，以及青少年球员的教学督导、训练水平的测验等均做了全面和重点的介绍。

　　本书内容通俗易懂，文图并茂，力求科学与实用，普及与提高相结合。本书适合体育教师，足球教练员、裁判员，青少年球员以及广大热心此项运动的爱好者阅读。

目录 contents

1

目录 *contents*

前　　言

正值国家体育总局和教育部《关于开展全国青少年校园足球活动的通知》发布之际，中国足协委托大连市足协孙新生主席翻译的《青少年五人制足球》一书面世了。这是我国第一次由俄文版翻译的完整介绍室内五人制足球教学训练方法的书籍。本书的第一作者是欧洲五人制足球联合会委员、俄罗斯五人制足球协会主席、著名的五人制足球功勋专家谢苗·安德烈耶夫，他为了帮助中国在青少年中推广五人制足球运动，无偿地将其著作版权给予了中国，体现了足球无边界的博大胸怀。

当我第一次看到正在校对中的翻译稿时，充满了兴奋和感激。书中用大量的图画和简明的文字，由简到繁，以循序渐进的教学原则，让孩子们在趣味中学习，最终完整地掌握五人制足球的基础理论知识和技能。无论是学校的学生、教师，还是家长和足球爱好者都会从那些丰富、生动、简捷、多变的教学方法中产生对五人制足球的极大兴趣。孙新生主席主抓大连市足球运动的提高和普及，在繁忙的工作之余挤出点滴时间完成了翻译工作，令人备受感动。

五人制足球运动是培养未来足球明星的摇篮，中国不乏有天分的足球幼苗，关键是要有成长的土壤和养料。用科学的方法指导训练、组织游戏、设计竞赛，犹如给幼苗培根、施肥和浇水。年复一年常此以往，中国足球的后备人才将会源源不断。

　　谨借本书出版之际，请允许我，

　　向原作者谢苗·安德烈耶夫先生和其他专家表示由衷的敬意！

　　向孙新生主席和他的团队表示诚挚的感谢！

　　向即将从此书中获益的学生和广大爱好者表示热烈的祝贺！

　　向所有在基层为足球工作而默默奉献的同仁表示亲切的慰问！

中国足球协会副主席　薛立

二〇〇九年九月八日

代 序 （俄文版）

　　现代的中小学生，每天大部分的时间被学校的课程和家庭作业所占据，这样就不得不大量用脑。对此，教师、医生和学者们日复一日地提出警告，这首先会造成运动不足。此外，根据教育部和俄罗斯联邦卫生部、俄罗斯科学院儿科科学研究所研究资料表明，一进入中学，孩子们的运动已经减少一半，且随着年龄的增长呈进一步下降趋势。由于运动严重不足，影响了学生自身抵抗力，增加了患病机率。如今，大多数中学生心血管和呼吸系统机能下降，视力减退，吸收、消化不正常，对各种各样疾病的抵抗力降低，这已是公开的事实。调查显示，现今只有15%的中小学生处于健康状态，50%的中小学生属于亚健康，35%的中小学生患有慢性疾病。

　　由于中小学生学习负担日益加重，且缺少运动，因此，校内组织有益的体育健身活动，包括业余时间所组织的，自然就起到了非常重要的作用。要知道，系统的体育锻炼有利于学生身心发育，有益于形成他们不同的运动技能。今天，教师、家长和社会面临的首要任务是，必须创造条件，使不同年龄阶段的学生在课余时间皆可经常进行体育锻炼，这会提高学生参加体育活动的积极性，增强体质，进而使正在成长的一代，适应将来工作对体力方面的要求。

在中小学生课外时间所进行的一系列最有效的体育健身活动中，室内足球颇引人注目，这并非偶然。因为，这项运动条件要求不高，可以在学校的体育场馆中进行，也可以在篮球场和棒球场进行，实际上任何平坦的地面都可以。有时，别看条件简易，可是，五人足球却是妙趣横生，尤其适合中小学生。原因是：第一，在这项运动中，每名队员都会经常接触到球，并与其他队员配合；第二,室内足球进球频繁;第三,踢球过程中,运动节奏快，没有被迫的和令人讨厌的停顿。这就是为什么今天不仅男孩子喜欢室内足球，而且女孩子也喜欢室内足球的原因。

记得当初我们是中小学生踢球时，是按照简化的规则进行的，逐步模仿、学习国内优秀国脚的脚法和战术套路，这些国脚是列夫·雅申、尼基塔·西墨良、阿列克塞·巴拉马诺夫、瓦列金·伊万诺夫、埃杜阿尔特·斯特列里佐夫等等。

当然，今天的五人制室内足球，已经不再是上述国脚孩提时代那样的足球了。现如今，五人制室内足球已经成熟，并且得到了全社会的承认，这项运动已经变得越来越精彩，越来越吸引人了。目前已经举行世界和欧洲锦标赛，在俄罗斯举行的锦标赛还有若干支女队展开厮杀。在俄罗斯还组织了不同年龄段的男女队冠军赛。

　　总之，今天这项运动已经广为流行。我们相信，在中小学生中开展室内足球运动，这是时代的要求。我认为，要实现联邦政府的"给孩子们运动场"的目标，应该增加从事足球运动的青少年的数量，并使此目标常抓不懈，这与发展室内足球息息相关。

　　自然，为了履行这一任务，首先必须有专门的教科书，以帮助中小学教师有效地组织学生进行室内足球运动。《青少年五人制足球》一书，正是从事中小学体育教育和室内足球运动的专家应此要求而写就的，适逢其时。

　　　　　　　　　　　俄罗斯足球联合会主席
　　　　　　　　　　　B.JI. 穆特卡

作者的话

当今,世界五人制足球事业飞速发展,目前世界上已有 80 个国家拥有本国代表队,并经常举办国际锦标赛和循环赛。国际足联对这项迷人的体育运动项目的发展做出了巨大的贡献。区域性足球协会在五人制足球事业的发展中也起着积极的作用,其中欧洲从 2005 起在国家队中进行了洲际锦标赛,于 2008 年开始在国家青年队(运动员不满 21 岁)之间举行欧洲冠军赛决赛,并每年举办欧洲足协杯俱乐部成员队的决赛,在亚洲每年进行大陆冠军赛并筹划俱乐部成员队之间的赛事。

很显然,《青少年五人制足球》一书在中国的翻译和出版发行,受到了为青少年足球事业的发展的各界人士的极大关注,此书恰好明确了大规模发展中小学五人制足球教育的目的、任务和方法。此书既是为中小学体育教师而著,也是为从事中小学体育教育工作的人员以及广大热爱这项运动的青少年而著。但愿此书在培养体育事业后备力量的实践中得到广泛而有效的应用。

很高兴地看到室内足球在中国开始了积极的发起,相信这项有益的非奥体育项目在贵国会有长足的发展。我想不久的将来中国队高深的成就即将展现在世界的竞技场上。

亲爱的朋友们，祝你们的五人制足球事业早日成功！

俄罗斯五人制室内足球协会主席
欧洲室内足球联合会委员会成员
国际足球协会指导员

谢苗·安德烈耶夫

五人制足球的发展史

五人制足球(室内足球)的历史要追溯到上个世纪。

早在20世纪的20—30年代,拉丁美洲的一些国家的学生们就开始了踢小场地足球这项运动。每场足球赛的参加者不像现在规定的那样多,踢球不仅可以在露天的广场上,也可以在体育馆内进行,并逐渐形成了室内足球的规则。由于此项运动设施条件要求不高,不受天气状况及气候条件的限制,能被普通社会阶层的人接受,便于普及,因此,在巴西、乌拉圭、阿根廷等国家越来越流行起来。在这些国家中,许多较大规模的足球俱乐部所招募的一些天才足球运动员,他们都是从踢室内足球起步的。

五人制足球进入欧洲的时间要晚得多。大家普遍认为,奥地利人首先在欧洲大陆开始踢五人制足球。1958年,奥地利国家足球队的一位官员阿夫斯特里·亚耶夫从瑞典引进这项运动。在瑞典举行的世界锦标赛中,他观看到了巴西国家队在室内进行的双方对抗性训练比赛。亚耶夫对推广五人制足球非常感兴趣,回国后,把国内较有规模的足球俱乐部联合在一起,在维也纳的什塔德哈尔体育馆组织了室内足球循环比赛。这次尝试性的比赛举办得非常成功,运动员、观众和组织者都很满意。此后,冬季五人制足球循环赛经常在奥地利举行,五人制球比赛也逐步在欧洲其他国家流行起来。

前苏联从1972年起经常举行五人制足球比赛。1974年冬,在莫斯科举办了第一届全苏大奖赛,奖品是每周一出版的《周刊》杂志,前苏联足球的冠、亚军队也都组队参加了比赛。尤其是莫斯科"斯巴达克"队,凭借高超的球技和绝妙的配合,获得了比赛的胜利,比赛吸引了很多观众到卢日尼基体育馆观看。

从此，以《周刊》为奖品的比赛逐渐成为传统。1975 年国外代表队也参加了此项比赛，来自索菲亚的保加利亚俱乐部"院士"队在这次比赛中展示了他们自身的实力。

1976 年以《周刊》奖品的五人制足球比赛有了实质性的发展。首先在五个不同城市进行预赛，获胜者参加冠、亚、季军决赛。来自华沙的波兰"威斯拉"俱乐部队和来自索菲亚的两支保加利亚联队"火车头"队和"院士"队，也参加了比赛。最终，列宁格勒的"全胜"队以完美的配合，精湛的球技取得了冠军。

1977 年，以《周刊》作为奖品的五人制足球比赛的组织方式发生了变化。足球俱乐部在莫斯科、列宁格勒、基辅和第比利斯参加地方比赛，决赛在这一年没有举行。后来，当前苏联国内出现了室内足球场后，室内足球比赛主要只起为赛季培训运动员的作用，这种比赛基本上为运动员在下一个季节有上佳表现起到了准备的作用，从而失去了现实意义。现在在预选赛时期，足球俱乐部开始参加在室内球场举行的比赛。与此同时，在欧洲其他一些国家，有很多足球俱乐部参加的冬季室内足球循环赛，迄今长盛不衰。例如，在德国这样的循环赛的门票总是销售一空，供不应求，国外许多足球队希望得到邀请参加比赛。

五人制足球在许多国家最先是被大中小学生所接受，这一现象引起了国际足球联合会领导层的关注，并且开始着手详细拟订统一的比赛规则。为此，国际足球联合会进行了三次尝试性循环赛。其中的一次是 1986 年11 月，在匈牙利最大的首都体育馆汇集了八支来自世界不同国家的球队。东道主匈牙利队在决赛中战胜了荷兰队，最终取得了冠军。在西班牙和澳大利亚举行的这种尝试性室内足球比赛，同样也获得了成功，这说明公众对五人制室内足球有着浓厚的兴趣。

国际足球联合会举办的第二次五人制室内足球赛事是于 1989 年在荷兰举办的首届世界锦标赛。这次比赛的特点是，参赛队不是根据比赛惯例，而是根据国际足球联合会的邀请参加比赛。这是可以理解的。因为当时室内足球比赛仅仅在几个国家举行,如果再进行预先的选拔赛,毫无意义。巴西队在决赛中战胜了强劲对手荷兰队,获得了第一届室内足球锦标赛的冠军。

从那时起,全世界的五人制室内足球比赛都按照统一的规则进行,而队员也由业余爱好者转变为专门从事这项运动的专业运动员。从此,室内足球在大多数国家称之为"迷你足球"。它的运动方式虽然与一般的足球运动有所区别,但均属于统一的国际足球组织——国际足联。

为了在世界范围内开展五人制室内足球工作,国际足球联合会在其机构中设置了专门委员会。其基本职能是完善比赛规则、筹备和举办世界锦标赛。

1989 年以后,室内足球进行了四次世界锦标赛。1992 年在香港,1996年在西班牙,巴西在这两届比赛中取得了冠军。2000 年在危地马拉。2004 年在台湾,西班牙队荣获冠军。

贯彻国际足球联合会在世界各地发展五人制室内足球的坚定思想。其中,欧洲足球联合会(欧洲足联)于 1996 年在西班牙举办了第一届欧洲室内足球锦标赛,西班牙队获得金牌,俄罗斯队获得银牌。

第二届欧锦赛继续在西班牙举行,因为当时西班牙是欧洲室内足球发展的中心。尽管欧锦赛的东道主有很高的威望,但俄罗斯队却最终获得了冠军,因为俄罗斯队有众多高水平队员,整体实力更强。

2001 年,欧洲锦标赛在莫斯科举行。欧洲足球联合会之所以做出这样的决定,是因为考虑到室内足球在俄罗斯的迅速发展,不仅有广泛的群众基础,而且在俄罗斯国内有几支世界级高水平的俱乐部队和实力雄厚的国家队。这一次西班牙人成功地恢复了自己在室内足球的声望,他们第二次获得了冠军,俄罗斯队输给了进步较快的意大利队,仅仅取得了第三名。

2003 年,在意大利举行室内足球欧锦赛,意大利成为金牌得主。俄罗斯队没有进入决赛,因为没能在半决赛中战胜对手。

2005 年,捷克成为五人制室内足球欧锦赛的东道主,这并非偶然。因为在过去的十年中,这个国家室内足球的水平已经接近西班牙、意大利和俄罗斯的水平,遗憾的是捷克斯洛伐克队却没有获得奖牌。在本次决赛中西班牙与俄罗斯争夺冠军，并以 2:1 胜出，展示了西班牙在欧洲大陆的主导地位，意大利获得铜牌。

在俄罗斯，现代五人制室内足球的出现，应该认为是在 1989 年。同年，前苏联足球联合会在其机构内设立了室内足球委员会，组织全苏比赛和组建国家队是它的主要任务，并且成功地完成了这些任务。1990—1991年，前苏联五人制室内足球比赛的赛程包括三个阶段，第一阶段举行各加盟共和国内部的比赛，例如，莫斯科队和列宁格勒队；第二阶段是参加地区比赛；最后，地区比赛的胜者参加决赛。莫斯科的建筑材料第 24 公司队是第一届全苏联赛的冠军。在这个队中有许多技艺高超的国手，他们是福拉久谢科夫、维里日尼科夫、巴鲍什金、谢苗诺夫。

由于前苏联解体，第二届比赛已经成为独联体的比赛，莫斯科"狄纳"队折桂，并在俄罗斯联赛中长期蝉联冠军。

随着苏联的解体，苏维埃社会主义共和国联盟的足球联合会自然也不复存在。原先的加盟共和国获得主权之后，产生了各自国家的足球联合会。俄罗斯的足球联合会，当时没有采取实际措施发展国内的室内足球。然而，由这项运动的热爱者所开创的这项事业，从来没有消失过。

重新创建的俄罗斯室内足球联合会克服重重困难，在国家主要足球组织——俄罗斯足球联合会未介入的情况下，独立开展工作，促进这项运动在国内的兴起和进一步发展。

俄罗斯室内足球协会首先努力协调各地方对室内足球的普及工作，重新组建地区性室内足球协会，这是俄罗斯室内足球协会开展工作的基础。俄罗斯室内足球协会的主要工作是组织全国性比赛，为参加国际比赛组建国家队。

俄罗斯已经设立了 20 多个地区性足球协会，其中有关室内足球所采取的主要措施是，每年举行全国专业联赛和业余比赛，还举行"库波卡"杯赛及青少年联赛，并组织选拔国家队参加国际比赛。

近几年，俄罗斯的室内足球比赛发生了很多有趣的变化。开始这个比赛是在高水平的联盟俱乐部中进行，后来又组建了两个小组：第一和第二联盟。

俄罗斯五人制足球今天有 12 支甲级俱乐部队、15 支乙级俱乐部队、

74支丙级俱乐部队，甲乙丙级队属于第一联盟；还有500多支队属于第二联盟。下表是近几年国家锦标赛的冠军名单和"库波卡"杯决赛情况（见表1和表2.）。

历年俄罗斯室内足球锦球赛成绩表　　　　表1

赛季	第一名	第二名	第三名
苏维埃社会主义共和国联盟			
1990—1991年	建材第24公司（莫斯科）	信号（奥布宁斯克）	灯塔（塔林）
独联体			
1991—992年	狄纳（莫斯科）	斯巴达克（莫斯科）	建设者（新乌拉尔斯克）
俄罗斯			
1992—1993年	狄纳（莫斯科）	狄纳摩（莫斯科）	菲尼克斯（车里亚宾斯克）
1993—1994年	狄纳（莫斯科）	菲尼克斯（车里亚宾斯克）	建材第24公司（莫斯科）
1994—1995年	狄纳（莫斯科）	明卡斯（莫斯科）	维资—西那拉（叶卡捷林堡）
1995—1996年	狄纳（莫斯科）	建材第24公司（莫斯科）	提格（尤戈尔斯克）
1996—1997年	狄纳（莫斯科）	建材第24公司（莫斯科）	提格（尤戈尔斯克）
1997—1998年	狄纳（莫斯科）	维资—西那拉（叶卡捷林堡）	国家检疫局（莫斯科）
1998—1999年	狄纳（莫斯科）	维资—西那拉（叶卡捷林堡）	明卡斯（莫斯科）
1999—2000年	狄纳（莫斯科）	斯巴达克（莫斯科）	卡斯泼罗木国家检疫局（莫斯科）
2000—2001年	斯巴达克（莫斯科）	诺里尔斯克镍队（诺里尔斯克）	提格—雅娃（尤戈尔斯克）
2001—2002年	狄纳（莫斯科）	维资—西那拉（叶卡捷林堡）	提格—雅娃（尤戈尔斯克）
2002—2003年	狄纳摩（莫斯科）	诺里尔斯克镍队（诺里尔斯克）	维资—西那拉（叶卡捷林堡）

赛季	第一名	第二名	第三名
2003—2004 年	狄纳摩(莫斯科)	诺里尔斯克镍队(诺里尔斯克)	维资一西那拉(叶卡捷林堡)
2004—2005 年	狄纳摩(莫斯科)	斯巴达克一谢尔卡瓦(莫斯科州)	维资一西那拉(叶卡捷林堡)

国家队是国内最优秀的足球队伍。现在,俄罗斯室内足球协会机构中有三支这样的球队。值得注意的是,在过去多年中的国际舞台上,俄罗斯队一直保持着很高的地位。1996 年俄罗斯国家队获得欧锦赛银牌,并在世锦赛上获得铜牌;1999 年获欧锦赛冠军;2001 年获得欧锦赛铜牌;2005年获得欧锦赛银牌。

体育记者联合会根据 1996 年进行的民意测验的结果,认为国家室内足球队所取得的成绩好于国家足球队。这次民意测验显示的结果是,国家室内足球队力压莫斯科中央陆军足球俱乐部队和斯巴达克足球队。

俄罗斯国家大学生联队成绩斐然,获得两届世界冠军(1994 年和 2002 年),并获得了两次银牌(1996 年和 1998 年)和两次铜牌(2000 年和 2004 年)。

2005 年,莫斯科狄纳摩队闯入欧洲足联俱乐部杯室内足球决赛。在决赛的加时赛中惜败给来自比利时的沙勒罗瓦俱乐部队,取得第二名。

历年"库波卡"杯决赛成绩表　　　　　　表 2

时间	冠军	亚军
苏维埃社会主义共和国联盟		
1991 年	机械师(第聂伯罗彼得罗夫斯克)	狄纳(莫斯科)
俄罗斯		
1992 年	狄纳(莫斯科)	拖拉斯卡(莫斯科)
1993 年	狄纳(莫斯科)	来格(顿河畔罗斯拖夫)
1994 年	明卡斯(莫斯科)	狄纳(莫斯科)
1995 年	狄纳(莫斯科)	斯巴达克一新罗斯(莫斯科)
1996 年	狄纳(莫斯科)	提格(尤戈尔斯克)
1997 年	狄纳(莫斯科)	建材与国检局联队(莫斯科)
1998 年	狄纳(莫斯科)	维资一西那拉(叶卡捷林堡)
1999 年	狄纳(莫斯科)	斯巴达克一明卡斯(莫斯科)

时间	冠军	亚军
2000 年	卡斯泼罗木国家检疫局(莫斯科)	诺里尔斯克镍队(诺里尔斯克)
2001 年	费穆卡斯泼罗木卡—阿尔法 (叶卡捷林堡)	狄纳(莫斯科)
2002 年	斯巴达克(莫斯科)	狄纳(莫斯科)
2003 年	狄纳(莫斯科)	维资—西那拉(叶卡捷林堡)
2004 年	狄纳(莫斯科)	斯巴达克—谢尔卡瓦(莫斯科州)

　　下列运动员为五人制室内足球前十年在俄罗斯的发展作出积极贡献：A. 斯捷潘诺夫、Б. 丘诃罗夫、K. 叶廖明卡、A. 维里日尼科夫、C. 卡修科、O. 邓尼索夫、A. 基谢列夫、T. 阿列克别罗夫、M. 马尔金。他们是所在俄罗斯俱乐部队，也是国家队的主力。第二代具有发展前景的俄罗斯球员是：C. 祖耶夫、П. 斯捷潘诺夫、Д. 哈马季耶夫、沙亚赫梅妥夫，他们肩负着室内足球的美好未来。在国内各地开办的一些室内足球体校中，一批有天赋的少年球员正在茁壮成长。

　　近几年来室内足球的发展不仅只限于男队，现在女性也十分喜爱这项运动，女子足球协会在俄罗斯国内举办联赛也有十多年了，联赛是按照年龄不同分组进行，还举行了独联体各成员国之间的比赛。

　　综上所述，俄罗斯五人制室内足球运动之所以能得到充分的发展，从零开始，达到世界先进水平，取得如此巨大的成就，其主要的原因是俄罗斯有相当数量，热心这项运动的人士的大力支持，以及在国内开办了五人制室内足球学校，在吸取国外先进经验的同时，借鉴其他运动项目之长，培养了大批青少年足球人才所致。

　　五人制室内足球像其他任何运动项目一样，不是停滞不前的，恰恰相反，而是处于变化和发展中。国际足球联合会、欧洲足球联合会和俄罗斯国家足球联合会，越来越关注这项运动。现今已经有八十多个国家举办五人制室内足球比赛。在欧洲、拉丁美洲和亚洲许多国家，五人制室内足球组织机构正在不断完善。所以，目前世界上讨论把五人制室内足球纳入奥林匹克比赛项目，这绝非偶然，而是完全合理的。

中小学生身体发育的特点

　　教育学中,7岁到18岁的学生被分为三个年龄阶段:幼年学龄(7—11岁),少年学龄(12—15岁),青春期学龄(16—18岁)。

　　儿童在幼年时期,身体主要运动器官的发展相对均衡,但身高要比体重增长得快。孩子们身体关节十分灵巧,韧带富有弹性,骨骼中含有大量软骨组织,8—9岁之前的儿童脊柱具有很好的柔韧性。孩子们的肌肉中含有薄薄的肌肉纤维,并且肌体中蛋白质和脂肪相对比成年人少,在这种情况下四肢大肌肉群比小肌肉群发育得要好。

　　儿童在幼年时期神经细胞发育成熟,神经系统已经成型,神经系统大多处于兴奋状态。10—11岁的儿童,肺的体积已经达到了成人肺部体积的一半,呼吸量从7岁时的每分钟3.5升提高到11岁时的每分钟4.4升;肺活量从7岁时的1200毫升增长到10岁时的2000毫升。

　　幼年时期的孩子可以进行大运动量的运动,在这方面女孩的能力不及男孩,不需要如此大的运动量,所以要多引导她们参加集体性的体育活动。

　　从整体而言,幼年时期的儿童最适宜体能的发展,特别是速度和协调性方面;还适宜长时间进行持续性、均匀的运动能力的培养。这个年龄的孩子开始形成对某种运动的兴趣,体现出从事某种运动的个人倾向和特点。

　　组织幼年的孩子从事五人制足球,要考虑到孩子们身体各项功能指标,这些指标是根据孩子们进行体育运动时身体负荷、耐受力来选择训练方式的主要标准。

　　建议授课内容要多进行孩子们身体条件能接受的不同运动的比赛。

当然要注意给这个年龄段的孩子们授课,内容不能单调,要丰富多彩,体力和心理消耗不宜过大,授课中应该寓教于乐,使孩子们对运动始终有兴趣,自然地完成老师布置的任务,不然会贻害无穷。

少年时期的孩子,身高和体重增长的很快。一年身高可增加 4—7 厘米,主要是腿部变长。体重每年会增加 3—6 公斤。男孩在 13—14 岁时长得最快,女孩子在 11—12 岁时长得最快。少年时期男孩比女孩平均高 10—12 厘米,重 5—8 千克,肌肉重量占体重的 13% 以上,皮下脂肪减少 10%,躯干比女孩稍短,腿和胳膊要长些。少年时期上下肢的长形管状骨快速生长,脊柱的长度也不断增加。脊柱的特点是柔韧性好,建议不要对少年时期的孩子进行过度的肌肉训练,这会加快肌肉僵硬,延缓骨骼的生长。

少年时期的孩子,肌肉发育较快。从 13 岁起大部分的肌肉纤维组织开始迅速发育。男孩肌肉快速增长的时期是在 13—14 岁,女孩是在 11—12 岁。这个年龄段的孩子在心血管系统的形态和功能尚未发育成熟,而其中枢神经还在继续发育的情况下,其身心及心脏和血管的调节功能还没有完全成熟。应当注意心脏的形态和功能完全成熟也是在临近 20 岁的时候。所以,12—15 岁的孩子在活动时肌肉和血液循环的调节机能要比青年人的差。

少年时期的孩子呼吸系统发育很快,肺活量增加了 2 倍,每分钟的呼吸量也大大提高了。男孩子的肺活量从 1970 毫升增加到 2600 毫升,女孩子的肺活量从 1900 毫升增加到 2500 毫升。与成年人相比,他(她)们的呼吸功能还较弱,一次深呼吸的摄氧量为 14 毫升左右,而成年人是 20 毫升以上。少年孩子屏住呼吸,在缺氧情况下的工作能力比成年人要差,但其降低血液中氧气含量的速度却比成年人要快。

少年时期是儿童身体的各种机能发育成熟的主要时期。这个年龄段的儿童不仅运动能力会不断完善,运动能力的质量会不断提高,而且可以很好地提高动作的协调能力,以及绝对力量和爆发力。但速度和耐力在这个时期发展平缓,柔韧性也是低速发展的。这些因素,在对中小学生进行室内足球训练时,自然应该予以考虑。

少年时期的足球运动员的教学与训练应富有个性化,训练方法在形式和内容上更接近于比赛。在提高一般与专业体能训练水平的同时,还要掌握复杂的技术技能,演练相互间和团队间的配合,并确定每位球员的场上位置。

青春期阶段的学生,身体继续发育。男孩和女孩性器官发育成熟,并各自有特异性变化,形成了显著的性的区别。在这个时期身体中有的器官和系统发展相对平稳、均匀,身高增长也开始缓慢,而身体围度和体重开始增加。男孩子的身高、胸围和体重明显超过女孩子。

青春期阶段的学生在这个时期大部分骨骼已发育成熟,身体中的管状骨开始横向增长,而长度增长速度开始变慢。特别是男孩胸部,开始快速增长,他们的骨骼已经能够承受相当的重量。

随着骨骼的增长,肌肉、肌腱和韧带也在增长。肌肉均匀、快速地生长,有利于进一步提高力量与耐力,而此年龄段躯干上肌肉力量的增加是不对称的。

女孩子与男孩子不同的是,肌肉增长明显缓慢,特别是肩部肌肉的发育。而骨盆和盆腔却发育迅速。胸部、心脏和肺部的发育也比较缓慢,所以,血液循环和呼吸器官的功能比男孩子弱很多。比如,男孩子比女孩子心脏的体积和重量要大 10—15%。脉搏每分钟要慢 6—8 次,而心脏收缩能力比女孩子更有力。女孩子的呼吸频率快,但不像男孩子那么深,肺活量也比较小。

青春期阶段的学生,认知视野已经完善,思维明显改观。无论是男孩子还是女孩子,对运动的理解力大幅度地提高,能准确地复制和区分某些动作(力量型、时间型和空间型),而且能做复杂的技术动作。

这个年龄段的孩子意志坚强。如,他们会表现出勇敢、执著。当然,这也可能会对他们的运动训练有负面影响。

这个年龄段有利于孩子们掌握技术技能,建议在该阶段培训五人制室内足球运动员,应采用一系列有效方式,提高体能训练量和训练强度。在进行一般性体能和专业性体能训练的同时,还要根据运动员个人特点,考虑提高技战术水平,加大角色球员的训练量和完善其比赛经验。

五人制足球的组织工作

开展课外体育活动,是中小学生体育健身活动的重要组成部分,其基本环节是以基层组织为基础。组织课外体育活动能否成功,取决于学校、家长是否感兴趣,以及学校的上级组织是否给予支持。只有多方齐心协力,才能达到培训学生的预期目的。

从哪些方面着手来吸引学生参与五人制足球运动呢? 一、组织学生与当地室内足球俱乐部的主要运动员和教练员见面;二、放映由著名专家解说的国家队的比赛录像;三、观摩学校举行的青少年室内足球比赛。在制定具体的组织训练措施的同时,还要进行及时、准确的宣传。如,张贴色彩醒目的海报或者播放广播等等。

下一阶段的工作,是直接组织吸收学生参加五人制足球小组。委托相关人员在班级中作宣传,然后登记愿意参加足球小组的人员。有些学生在同学影响下或由于其他原因,也可能参加足球小组。但参加足球小组的学生必须达到最低人数要求。大家始终认为,吸收学生参加足球小组应该在学年之初,因为太晚参加训练会影响训练质量。所吸收的人员大部分应该是愿意从事室内足球运动的。体育老师或组织者按照年龄将参加训练的学生划分为 4 组:10—11 岁,12—13 岁,14—15 岁和 16—17 岁,每组的人数为 18—20 人。除此之外,8—9 岁的男孩和女孩还可以组成预备小组。

分好组之后,要成立学校青少年足球运动组委会,并邀请各年级的领导和当地青少年五人制足球体校的代表参加。组委会要讨论组建五人制足球小组的任务,为增强学生体质和培养学生生活中必需的品德和意志的训练意义,以及训练程序和规则。要把这些内容转达给参加小组的每一个成员,并选举出领导小组(教师、秘书、各阶段训练的负责人)。领导小组的成员由学生家长、老师、学校上级机关和当地青少年五人制足球体校的代表组成。

领导小组拟订一年的教学计划、课程时间表、购买和修理器材、决定学校球队的编制、组织校内比赛、制定比赛规则、确定比赛主题、组织体育晚会和知识问答游戏。拟订工作计划(见表3)要注意球员人数、年龄、学校现有条件以及当地气候条件。

学校五人制足球

工作安排 第_____号 200____——200____学年　　　表3

	措施	执行日期	负责人
各项组织工作	确定小组成员名单并编组	9月20日前	体育老师,体育委员
	举行全校球员大会并选出领导小组	9月23日	体育老师,年级负责人,体育委员
	制定训练课程表	9月25日前	领导小组
	组织班长选举	10月1日前	任课教师
	领导小组开会	每季度1次	体育老师
	青少年足球活动总结会	5月21日	领导小组
教学工作	备好考勤登记册	9月27日前	体育老师,小组任课教师
	举办室内足球教练和青少年裁判员讲习班	11月20日前	体育老师,青少年室内足球体校教练
	对任课教师进行监督和指导	按照专门安排的时间	体育老师,青少年室内足球体校教练
体育教学工作	为室内足球学校冠军赛组建各班级球队	12月1日前	年级领导,体育委员
	4—11年级足球比赛	按照专门安排的时间	领导小组,体育委员
	室内足球全校雪地循环赛	1月4日到10日	领导小组,体育委员
	按照年龄筛选青少年球员进校队	2月20日前	领导小组
	校队按照年龄分段参加室内足球地区(城市)赛	3月24日到30日	领导小组
	欢度体育节—举行室内足球表演赛		领导小组,体育委员

	措施	执行日期	负责人
动员宣传和教育工作	组织布置"室内足球"墙报	每季度1次	领导小组
	组织青少年球员观摩俄罗斯室内足球冠军联赛的主要比赛	根据冠军联赛赛程而定	教学组任课老师、教学组组长
	组织与当地室内足球俱乐部的球员会面	12月,2月	领导小组、教学组组长
	组织有室内足球专家参加的知识问答	4月	领导小组
后勤工作	购买、维修器械,采购队服	一学年	体育老师,学生家长
	修护运动场	一学年	教学组任课老师,教学组组长

中小学五人制足球教学组周训练安排课程表(范例)

200—200　学年第一学期　　　　　　　　　　　表 4

学习小组	时 间							教师
	星期一	星期二	星期三	星期四	星期五	星期六	星期日	
8—9岁(男孩和女孩)		15.00—15.45		15.00—15.45		15.00—15.45		青少年体校教练塔拉索夫
10—11岁(女孩)	15.00—16.00		15.00 16.00		15.00—16.00			体育老师彼得罗夫
10—11岁(男孩)		16.00—17.00		16.00—17.00		16.00—17.00		领导小组成员伊万诺夫
12—13岁(女孩)			16.00—17.15		16.00—17.15		11.30—13.00	青少年体校教练瓦辛
12—13岁(男孩)			16.00—17.15		16.00—17.15		11.30—13.00	体育老师瓦西里耶夫
14—15岁(女孩)		17.00—18.30		17.00—18.30		17.00—18.30		领导小组成员马克西莫夫
14—15岁(男孩)		17.00—18.30		17.00—18.30		17.00—18.30		青少年体校教练济金
16—17岁(女孩)	16.00—17.30		17.15—18.45		17.15—18.45			领导小组成员奥西波夫
16—17岁(男孩)	17.30—19.00		17.15—18.45		17.15—18.45		10.00—11.30	青少年体校教练尼古拉耶夫

　　五人制足球小组的课程表每半学期制定一次,即一学年制定4次,并经校长认可后以墙报的形式予以张贴公布。每半学期课程表的制定范例见表4。课程表的基本要求是:课程的设置要有周期性和稳定性;上课时间应该适合大部分球员。如果时间安排不当,课程经常从一天换到另外一

天,就会贻误训练,造成部分球员缺课。制定课程表时,建议要考虑每个年龄段的孩子上课的持续时间。7—9岁的孩子可以是45—60分钟,10—13岁的孩子可以是60—90分钟,14—17岁的孩子可以是90—120分钟,每个年龄段一周可以有3—4次课,最少也要2次课。

给足球小组授课的除体育老师外,还有当地青少年室内足球体校的教练,以及接受过相关体育训练的父母、学校上级机关的代表。但总的教学方法一定由体育老师把握。

学生中有很多的积极分子,这对开展五人制足球运动有很大的帮助。如果没有他们的帮助,教学小组的训练课收效甚微。对组织训练课大有帮助的有:值班的同学、教学小组的组长、班长。训练是在授课过程中完成的,训练开始,教师要先找出那些对这项活动最感兴趣和善于从事组织工作的同学,这些同学能够快速掌握要领,擅长发现其他同学的不足,并能找出改正的方法。这样的同学将来会成为教师的帮手,应予以关注。

培训热心五人制足球事业者最有效的方式应该是:开办培养青少年教练员和裁判员讲习班。讲习班结业后,建议有志从教者给低年龄组的小球员授课,有时也要给同龄人讲课。上训练课和校内比赛时,让青少年担当裁判员。

训练可以在露天体育场和体育馆中进行。建议多在露天体育场进行训练,在露天体育场更有利于学生的健康。

应该指出,在室内足球训练过程中,时常会有些同学在体能方面落后于同龄人,因此对技战术的掌握会比其他人慢得多。对于这样的学生,老师要把经常性的体能训练及增强体质放在首位,把技术训练放在第二位。当然,不应该把体能差的学生从五人制足球小组中开除出去。教师的职责是,应该找到培训学生的一些方法,帮助学生增强自信心,使他们在体育训练中逐渐进步。这之所以重要,是因为实践证明在运动方面起初落后于同龄人的孩子将来时常能追赶上其他人,取得更好的成绩。

为了总结青少年球员的训练工作,每一教学组的老师,要登记学生的出勤情况及训练内容。体育老师应当定期将室内足球的训练结果汇报给教务处,并在校长参加的会议上,或在班级外和学校外专门的训练工作会议上予以通报。

青少年足球运动员的教学和训练的基本方法

对从事五人制足球运动员进行教学与训练,需要一个完整的教学过程,旨在增强体质,掌握球技和战术。在中小学阶段,这个过程大体分为三个时段。

第一阶段(8—10岁),教授此年龄的球员掌握基本的技术动作和战术,对其体能进行全面训练,并传授基本的理论知识。

第二阶段(11—15岁),要拓展球技和战术,形成在复杂条件下完成拟订战术的技能,并进一步发展适合五人制室内足球特点的体能,同时扩展理论知识,完善心理发育。

第三阶段(16—17岁),完善学生的体能训练,主要发展掌握复杂的技术动作和多人与全队战术配合所必需的体能。技术和战术的训练目标是提高在与对方对抗情况下的速度及执行战术的准确性。在该阶段要将球员的技术落实到实战中,将理论知识予以深化。

由此可见,在对中小学五人制足球球员的常年训练中,无论是教学还是训练都有一定的目标,但这并不意味着两者相互矛盾、排斥。相反,教学和训练应有机结合。如此紧密的联系存在于体能、技术、战术和心理训练中。这种密不可分的联系,还存在于体能训练和技术教学中,存在于战术和心理训练中。例如,发展体能和掌握球技是运动教学整体过程中两个紧密联系的环节,这两个环节并非泾渭分明,掌握技术中伴随着体能的发展,而发展体能可使球技更加完善。

各项训练形式的相互依存,这就说明了在对中小学五人制足球队员进行训练中,哪怕只有一个方面的训练水平低下,也是不可能取得成功的。这就是多年来为什么在对青少年足球运动员的培养过程中,在完成每一项的技能训练的同时,必须系统的完整地实施各项训练。然而在特定的阶段,一项或几项教学和训练会比其他几项所占的比重要大。有鉴于此,青少年足球的任课老师,应该合理地处理各种训练形式之间的关系,并随着训练水平的提高,不断改进教学方法和教学比重。

体能训练是中小学五人制足球的主要教学和训练手段,体能训练在有些条件下分为基础训练和辅助训练。技术和战术训练是五人制足球比赛的基础。辅助训练分为两种:一般训练和专业训练。最先进行的是一般性发展练习和健身,这可以为球员创造必需的条件,有利于掌握基本球技,达到多方面的体能训练和健身,然后进行的训练是专业训练即专业体能训练和掌握专业运动技能的训练。最后进行的训练分为准备练习和结束练习。

准备练习(持球和非持球练习、跑动、传接球)是提高学生专业体能的练习。结束练习是单独进行的复杂的协调运动,或者是在放松条件下进行的运动,以及模仿动作的练习。例如,做无球状态下的技术动作,这就是结束练习,其意义是掌握这一动作的技术要领。

五人制足球训练要求教师要利用各种教学方法完成体能练习,培养球员的意志品质,传授球技和战术。而教学方法的选择取决于教学训练的目的、内容和上课条件及学生的基础条件。在让学生掌握系统知识和运动技能时,应该注意使用口授方法(讲解、谈话、点评)和直观方法(教师或优秀学生的示范动作,用教学模型,观看影像资料或教学影片)。提高学生球员的体能可以借助不同的方法,因为五人制足球作为一种运动项目,其本质是一种速度、力量型体育运动。对提高学生的身体素质,建议运用对大多数运动项目都适用的下列典型方法:

一、进行匀速的或长时间不间断的运动,该方法用于训练耐力。

二、不同于前面训练的是,进行变速、长时间训练。它有助于发展专门的混合型(有氧和无氧)耐力。进行五人制足球运动要大量采用这种典型的方法。

三、重复训练法。踢球过程中不间断的运动就属于重复法的一种类型,其特点是强度较大。建议在训练速度、力量和速度耐力时运用此方法。

四、间歇训练法。与其他方法不同的是,这个方法严格区分休息和训练时间。休息时间要严格控制,不能给球员身体完全恢复的机会。它最适合于训练爆发力和耐力时使用。它可以完善无氧和有氧-无氧状态下的体能保证机制,使球员习惯于在无氧下的运动。按照此原理进行的训练,就是五人制足球间歇训练法的形式之一。

五、最大强度训练法。这是在次最大强度状态下训练极限负荷的方法,目的是要让运动达到极限。它用于训练最大力量,并使球员适应高强度运动。当然,这种方法在进行室内训练时,实践中可以适用于16—17岁的球员,因为这个年龄段的球员已经接受过较大强度的训练。该方法有助于克服无氧过程,提高爆发力。例如,可以用于训练青少年守门员,守门员需要有连续跳跃的能力。

六、多方配合训练法。该方法对训练中小学生五人制足球特别重要,因为它可以训练体能,完善技战术水平。这样可以增强球员的力量、耐力、灵活性。在训练中运用该方法,可以使球员的球技更适用于实战,即使在疲劳的情况下,由于协调能力的完善,球员发挥会更稳定、更有效。

七、循环训练法。实际上是独立组织的训练方法,用于训练球员同时具备的几种体能,有时是用于完善专业技巧。循环训练法通常被用于各种不同的方案中,它的实质是使训练接近于实战。在平时训练中,建议既要采取传统的循环训练法,也要采取其他的方法,能同时完善各种身体素质和战术演练,即进行多方配合训练。由此看出,循环训练法的优点是训练的高强度、多样性和间歇性,这与五人制足球的运动条件相一致。

掌握技术动作和战术的最基本方法是多次重复练习。但在确定重复练习的量化标准时,教师应该注意到,新的操练会使学生运动中枢感到疲惫,所以最有效的是进行一组重复练习:2—3个动作一组,每次重复8—10次。每组之间的间隔时间段可稍做休息。休息时间建议教师做示范动作或提出意见,纠正球员的错误动作。

重复练习可以做一整套,也可以只做一部分,还可以以比赛的和非比赛的形式进行。在学习复杂技术动作时,建议采用分解式教学,这种方法在演练多人和全队战术时是十分有效的。非比赛方式在室内足球训练中占据显著地位,采取这种方法,旨在移动训练、踢球练习和教学演练中实现技战术行为。采用比赛方法的效果与此方法接近,其目的是在实战条件下增强、完善训练。

采用比赛和非比赛两种方法进行训练,它们的基本目的是锻炼生理机能、心理素质,获得稳定的传带球技术,应对一对一的防御或进攻。重要的是,在多年的运用中,要让比赛和非比赛的训练方法成为训练的组成部分。这样,借助这些方法,再兼用其他方法,可以在训练青少年球员的过程中取得更好效果。

原则上教授球技要符合运动技能的形成规律。培训青少年球员的过程由几个相互联系的阶段构成,每个下一级阶段都取决于上一级阶段。这几个阶段顺序如下:

一、形成对所从事运动项目的感性认识;

二、在非比赛条件下初步掌握如何踢球;

三、在逐步复杂条件下掌握动作要领,这种逐步复杂的条件是连贯的典型的踢球情境;

四、在专门组织的踢球情境中巩固所掌握的球技;

五、在比赛中完善球技。

品德、意志品质的培养方法,对五人制足球球员的训练具有十分特殊的意义,这些方法对球员的个性、品质和世界观的形成有着直接的影响。归根结底,球员的个性是足球教练辛勤教育中最宝贵的财富。

在对球员的训练中,建议采用下列传统方法:说服、讲解、鼓励、小组帮助、自我顿悟、逐步适应难度及情境训练法。使用最后一种方法训练球员时,要创造一种情境,类似进行校队、市队、地区队室内足球联赛。借助此方法教师可以让球员适应比赛,培养他们比赛时所必需的反映和行为动作。这样,新的赛场情境就不会让球员感到意外,不会让球员竞技水平发挥失常。当然,针对训练中的具体情况,也可以用其他有效方法。

在对五人制足球球员培训的各个阶段,教学和训练都是建立在下列相互联系的辨证关系基础之上的:主动性与积极性,系统性与渐进性,直观性与可接受性,以及个性化。这些关系不仅相互联系,而且相互制约,在教学和训练中是互补的。例如,青少年球员对训练持主动、积极的态度,将有助于所学内容的可接受性,有助于牢固掌握所学知识和技能,并制约着前后所学内容的融会贯通程度及五人制足球训练的渐进过程。另一方面,当青少年球员的积极性得到直观性、通俗性、个性化、系统性和渐进性的方法培养后,他们会取得很大的成绩。事实上,这样的联系存在于每个辨证关系之间。比如,不注意个性化原则,不因才施教,不注意运用通俗易懂的方法,在训练青少年球员时就很难达到合理的连续性效果,也难以达到体能的循序渐进。如果不考虑系统性和渐进性原则,就很难做到授课通俗易懂。由此可见,只有在训练的各个阶段落实好每一环节,并且完全遵守统一的辨证教学原则,才能取得好的训练效果。

教学方法

培训五人制足球球员的基本课程分为综合课和专业课。

综合课包括一般训练和专项训练,以及技术和战术演练或两者相结合训练。这样的课程包括一般身体训练和球技练习,还包括专项身体训练和战术练习。无论采用何种训练,一情况下务必要使身体训练与该类型课的主要内容紧密相连。

专业课(主题课)内容较为单一,但其目的性却十分明确,专业课在训练中不适合把体能、技战术操练同时进行。专业课具有纯理论特点,上专业课之前,老师要给学生讲理论知识以便于学生更好地掌握教材知识。授课可以以讲座或座谈的形式,并给学生放映影视资料和教学电影。

建议多给8—15岁的学生讲授综合课,专业课主要对16—17岁的学生讲授。与课程类型无关,综合课和专业课对学生的作用都应该是全面的、有知识性的、有技能性的、有健身性的。知识的重要并不贬低技能和体能训练的作用。例如，一堂课中，要求球员通过一系列不同的体能练习掌握一定范围的知识、技能，在此情况下应该严格分配体力，老师同时要考虑保健方面的作用。每一堂课的教学目标至少 2—3 个，包括掌握 1—2 个新知识。大多数教学目标应该有计划地实施，在上后面的课时（球员已经达到更高训练水平），要定期复习前面所学内容。

上课之前，教练员必须准备好球员必需的运动器材、上课场地。遵守换衣间的规章制度，并按时使用指定场地。这些预先的准备工作，会给球员营造良好的氛围，有助于提高授课效果。

授课应该连贯，富有条理。可分为三部分：引导部分、主干部分和结尾部分。课程划分为三部分与进行体能训练的阶段转化有关，一堂课中体能训练分段如下：

一、提高兴趣阶段（引导部分）。随着授课的进展，球员的兴趣开始逐步提高，其身体的各个系统（中枢神经、心血管、呼吸系统、肌肉）也开始加强协调运作。

引导部分（持续 10—20 分钟），主要的任务是使球员能够在心理和体能上有意识地积极完成课程的主要任务。心理训练的任务是，借助体能练习和注意力操练使球员集中精力完成课程的主要训练内容。体能训练的目的在于，使青少年球员的体能为下一阶段更高强度的训练并完成授课主要任务做好准备。这个阶段可以解决相对独立的问题：进行队形练习；进行标准动作的练习；做身体各个部位的准备活动。第一阶段的训练，在进入下一阶段之前不应该引起球员的疲劳。第一阶段起始于青少年球员先排好队列，班长或值日生进行报告，然后老师安排本堂课的训练任务。

二、主干部分（稳定阶段）。主干部分为更高强度的训练持续一定时间（持续 40—90 分钟），在球员最佳体能状况下完成教学的主要任务。在主干教学部分之初，要教给学生新的内容，课程进行到中间或临近尾声时，对授课内容要予以强化和完善。发展体能的顺序如下：开始时训练爆发力、协调性和灵巧性，结束时练习力量和耐力。课程主干部分的授课程序可能不复杂,比如教学内容单一(例如,学习脚背正面击球,并实际练习这一动作)。也可能复杂,是由几个内容组成(例如,学习"人墙"战术配合、负重练习、训练耐力)。在进行每个单独操练之前,必须有一定的准备练习,以便为完成主干教学任务创造必要的前提条件。

三、结尾部分(下降阶段)。由于不断产生疲劳,训练强度逐渐降低。

结尾部分(持续 3—5 分钟),其目的在于使球员从高强度的运动状态转为相对平静的状态,采用的方法是进行队形练习、标准动作的练习、慢跑、步行、肌肉放松练习以及用身体各部位进行颠球练习。最后对课程进行总结。

授课效果的好坏,在很大程度上取决于球员进行体能练习量的大小,每次操练,老师都要努力争取扩大练习量。在此情形下具有决定意义的是训练密度,训练密度可分为共同密度与运动密度。

共同密度指上课时的有效教学时间与整个课堂时间的比例关系。授课的共同密度总是接近 100%,这意味着课堂上大部分时间用于体能练习。而如果经常改变球员攻守位置,移动运动器材,更换设备,练习转换之间进行长时间的间歇,不遵守纪律,出现这一切无效教学行为会降低课程密度。

运动密度指直接用于运动练习上的时间与整个课堂时间的比例关系。它对每个年龄段的青少年应该适当。如,运动密度对于 10—11 岁的球员应该为 37—49%,对于 12—15 岁的球员应当是 50—60%,对于 16—17 岁的球员应该达到 70%。授课要达到合理的运动密度,教师要仔细拟订对球员的训练过程及每次单独的操练,并作好课前准备。运动密度的大小取决于上课地点的选择、器材的数量和分布,组织课堂的方法、教材内容的多少以及讲解时间的长短等。

在给五人制足球球员上课的过程中,重要的是调整他们的体力消耗,即掌握好球员承载体能负荷的尺度。体能负荷量指体能消耗的大小与强度,负荷量的大小取决于运动量的多少及训练持续时间的长短、运动距离的长短等。负荷的强度取决于运动速度、加速度及心脏收缩频率等。

运动量越大,运动强度相对越小。7—11 岁的球员从事五人制足球运动应主要依靠增加运动量,随着身体逐渐发育成熟,训练应主要依靠加大运动强度。每堂课的运动量应该逐渐增大,下半节课时达到最大运动量,临近下课时逐渐降低运动量。为了正确调整运动量,建议上课时检测学生们的心率。教师可以根据学生课前、课中及课后心率测试曲线,正确地安排体能练习的难度与强度。在心率测试图上,后半节课要达到最高峰值,下课时要恢复到最初的值。尤其要注意检测那些体能条件差的球员的心率,或者那些因病缺了一些课的青少年球员的心率。为了正确调整控制某些学生的训练量,老师可以进行一些体力测验,然后分析球员心脏收缩情况,从中可以获得球员的心血管和呼吸系统的重要信息。

蹲起训练是最简单的。做蹲起运动前测试出安静心率,随后,被测试者在 30 秒内完成 20 个蹲起,3 分钟内心脏的收缩恢复到初始的正常状态是较好的,4—5 分钟内心脏的收缩恢复到初始的正常状态的为合格,超过 5 分钟为不合格。根据表 5 提供的信息,可以确定球员对此测试的身体反应状况。

蹲起运动后心率、呼吸测试　　　　　　　　　　**表 5**

评　价	增快心率,%	心率恢复的时间·分钟	呼　吸
良好	25—30	1—3 分钟	看不出变化
合格	51—75	4—5 分钟	1 分钟加快 4—5 次
不合格	80	5 分钟以上	呼吸困难

变换身体姿势(在仰卧和侧卧静止状态下),测定心血管系统的神经调节状况。

仰卧测试。被测试者在仰卧状态下计算 10 秒的心率,然后将所得结果乘以 6。然后慢慢站起来,计算站立时的心率。正常的反应是心脏收缩每分钟加快 10—14 次,每分钟加快 20 次为合格,高于 20 次为不合格。从躺着的姿势转换到站立的姿势,其间心率的巨大差异说明,被测试者在体能消耗后处于疲劳或疲劳尚未完全恢复状态。

侧卧测试。测试程序与前面相反,被测试者从站立姿势转换到侧卧的姿势,心率的标准是减少 4—10 次/分钟。如果心率太慢,说明球员应该加强训练。

为了测定呼吸系统情况,其中也包括身体器官耐缺氧情况,建议对被测试者进行全屏气测试和半屏气测试。

全屏气测试。被测试者坐着深吸一口气,然后全部呼出,然后再深深吸一口气,之后最大限度地屏住呼吸,并闭上嘴,用手捏住鼻子,如果能坚持 90 秒以上不吸气为优秀;坚持 60—90 秒为良好;坚持 30—60 秒为合格,少于 30 秒不合格。但是,实际上由于经常进行体能练习,学生屏住呼吸的时间会不断延长。

半屏气测试。被测试者呼出一口气后,屏住呼吸,受过良好训练的学生能屏住呼吸坚持 40—60 秒。

建议对五人制球员的训练水平的测试用鲁菲耶—杰克松方法。被测试者平躺 5 分钟,然后在 15 秒内测定心脏收缩频率,并乘以 4(一分钟内的心脏收缩频率表示为 P1)。然后,被测试者在 45 秒钟内完成 30 个下蹲动作,再平躺下测试心脏收缩频率,前 15 秒测试结果表示为 P2,后 15 秒测试结果表示为 P3。体能系数用下面的公式计算:

$$P = \frac{(P2 - 70) + (P3 - P1)}{10}$$

P= 0—2.9 为良好,在 3.0—6.0 之间为一般,在 6.0—8.0 之间为及格,高于 8.0 为不及格。

建议每个月测试不少于一次,并且每次是在同一个时间。

授课方法

室内足球可以采用下列授课方法:全面教学法、流水线教学法、轮换教学法、小组教学法、"开小灶"教学法以及循环操练法。

全面教学法经常用于课程的引导部分和结尾部分(一般性练习、传球、防守占位),偶尔用于课程的主干部分。该方法可以兼顾所有球员的训练,其不足是不能区别对待的指导单个球员的训练。

流水线教学法用于必须保证掌握每个球员练习的情况,让他们轮流操练。例如,学生排成纵队,逐一完成用额头正面鱼跃顶球(教师抛球)。

当球和器械的数量不够,或者场地有限时,可以采用轮换教学法。此方法的内容是几个组的球员轮流进行操练。例如,进行绕柱带球练习,教师可以把学生分成三个组,每组六人。每组学生各有任务,一组学生进行训练,另外一组作好训练准备,第三组纠正进行训练的学生的不足之处。

当缺少必要的条件,无法让全体球员完成课程主干部分的训练任务时(或无必要进行个人训练时),采用小组教学法。要预先把学生分成若干个小组,由组长带领完成具体的训练任务。老师训练最复杂的那一组,同时也要注意其他组的情况。这样,课上每个组都完成了所有的或部分的训练任务,下节课可完成其余训练任务。

为了弥补训练差的学生的不足,或提高能力强的学生的技能,可以采用"开小灶"教学法。这种方法,只对于那些有高度纪律性,且对课程有积极兴趣,并对自己独立完成训练有所准备的学生有明显效果。使用此方法的必要条件是,有足够的足球和细心准备的场地。

课堂上最有效地组织球员的方法之一是循环练习法,该方法可以保障上文所说课堂密度和运动密度的效果,根据球员掌握室内足球技战术基础的情况,可以采用循环练习法训练专门的技能和技巧,这样在单独的场地上进行的练习可以是:多次重复 30 米带球跑、带球绕障碍跑、越过"人墙"传球或两人配合传球、射门、大力射门、大脚传球、用头顶传球、跳跃顶球等。

下面是五人制足球综合示范课和专业示范课的授课大纲(见表 6 至表 9.)。

技战术训练专业课　　　　　　　　　　　表 6

引导部分	1. 步行 2. 慢跑 3. 一般运动练习
主干部分	1. 学习球技 2. 完善单个技术动作 3. 学习多人战术 4. 在双方对抗演练中完善技战术动作
结尾部分	1. 小步跑 2. 放松运动

一般体能训练专业课　　　　　　　　　　表 7

引导部分	1. 步行 2. 匀速跑 3. 运动游戏
主干部分	1. 往返跑 3×10 米（2 组） 2. 立定跳远 3. 一般综合练习 4. 做伸展运动 5. 掷实心球（1 公斤重）
结尾部分	1. 小步跑 2. 放松运动

体能和技术综合训练课　　　　　　　　　表 8

引导部分	1. 一般运动练习 2. 柔韧性和灵活性练习
主干部分	1. 学习新的技术动作 2. 练习速度 3. 无"一对一"防守情况下及有对抗条件下完善技术动作 4. 在教学比赛中完善技术动作
结尾部分	1. 慢跑、步行 2. 放松肌肉练习

体能和战术综合训练课 表 9

引导部分	1. 匀速跑 2. 一般运动练习 3. 专业运动练习
主干部分	1. 速度和灵活性的练习 2. 个人和多人战术练习 3. 双方比赛或耐力练习
结尾部分	1. 肌肉放松练习 2. 呼吸练习

素质训练

　　五人制足球运动员的身体素质训练要全面发展,要强健机体和器官,强化体能,不断拓展其功能。素质训练包括一般素质训练和专项素质训练。

　　一般素质训练,目的在于强身健体,提高身体各方面素质,为将来的运动生涯,自然也包括一般体力劳动,打下坚实的基础。总之,一般素质训练是训练青少年球员过程中的最重要环节,素质训练是基础,无此基础球员就无法完好地掌握室内足球的技术和战术。一般素质训练的基本方法,首先是一般体能练习,包括器械练习和无器械练习,还有进行其他运动项目的练习,以及利于肌体均衡发展的运动比赛。制定一般素质训练的计划,教师要注意以下几点:

　　一、应该选择使全身肌肉群都能得到锻炼的训练手段和方法。

　　二、每堂课和每一阶段的训练量,应该根据球员的年龄和训练水平逐渐增加。

　　三、训练量的均衡与大小应该相互交替,但训练16—17岁球员时应该达到最大运动量。

　　训练10—15岁球员,建议不要做长时间大负荷量的运动,因为这个年龄段的球员,神经系统容易兴奋和疲劳,长时间大运动量训练会造成他们运动能力急剧降低。

　　专项素质训练,应该建立在球员一般性体能训练和高水平体能训练基础之上。专项体能训练的目的是:提高与五人制足球专项运动有关的身体运动素质,如力量、速度、柔韧性、灵活性、耐力。专项素质训练的任务是:

全面提高和完善球艺所必需的身体器官的能力,它们是基本攻防技术中的主要环节。五人制足球的专业训练,建议在11—12岁后开始。必须始于一些与比赛类似的专业训练,要从技战术练习、跑动及实际踢足球开始。但是,应该指出,球员体能训练水平不高,会影响他们掌握技战术的能力,以及今后的发展。

一般素质训练和专项素质训练是相辅相成,紧密相连的。一方面,这两种训练方式取决于五人制足球本身的特点;另一方面,它们又决定着球员在比赛中球技的发挥。球员训练中的大多数指标,应该根据他们个人身体素质的敏感发育周期来确定(见表10)。

8 岁到 17 岁青少年身体形态及素质发育敏感期　　表 10

身体形态与身体素质	年　　　　龄									
	8	9	10	11	12	13	14	15	16	17
身高				+	+	+	+			
体重				+	+	+	+			
速度	+	+	+	+				+	+	+
最大力量						+	+		+	+
爆发力		+	+	+	+	+	+	+		
有氧耐力	+	+						+	+	+
速度耐力								+	+	+
无氧耐力								+	+	+
柔韧性	+	+	+			+	+			
协调性		+	+	+	+					
平衡能力	+	+	+	+		+	+	+		

力量、速度、耐力、灵活性和柔韧性是基本的身体运动素质。在训练青少年球员过程中,教师在训练一般体能的同时,应该考虑到球员的年龄特点,注意发展他们当时年龄段体能较弱的方面。其中,女孩身体的发育敏感期通常比男孩早一年。

力量训练

力量是指通过肌肉用力克服阻力和反作用力的能力。

五人制足球运动要求运动员具有较高的力量素质,球员的力量在很大程度上制约着技术和战术,还制约着完成技术的速度和移动的速度、耐力和灵活性的提高。可见,五人制足球首先要求球员具有良好的爆发力,即球员在很短的时间内要完成有球和无球的技术动作需要的力量基础。肌肉力量的大小与下列因素有关:中枢神经系统的神经分布、肌肉体积的大小、肌肉用力时的生理特点,当然,还与疲劳程度有关。不要忽略球员的意志对克服他们自身惰性的作用。

力量训练可以使更多的肌肉纤维加速收缩,使肌肉的血液循环增强,新陈代谢加快,能量的储存加大。

根据肌肉运动的两种形式——舒张和收缩,力量训练方法也相应地分为静态舒张和动态收缩两类。足球运动员肌肉的运动特征并非是舒张,所以训练五人制足球运动员应该少用静态舒张方法。做静态舒张练习应当注意与放松练习和柔韧性练习相结合。这不难理解,从事五人制足球运动要有一定水平的力量素质。如上所述,这种力量是能够在最短时间内爆发,这就是动态收缩力量。

男孩力量发展的最佳时期是 13、14 岁和 16、18 岁,女孩是 11、12 岁和 15、16 岁。肌肉相对力量增长速度最快是在幼年,特别是从 9 岁到 11 岁。这意味着,在这一时期要有针对性地对力量进行相当程度的训练。可见,考虑到上述因素,进行多年长期训练的每个阶段,都应该根据球员的身体发育敏感期的特点来制定训练计划。

速度训练

速度是指运动物体在某一个方向上单位时间内所通过的距离。

速度这一素质有多种表现形式,但是基本的和综合的表现形式是不同的。基本表现形式包括反应速度、动作速度、单一运动的速度、运动频率、运动起始速度;综合表现形式包括在简单或复杂形势下的起跑速度、开始的加速度、绝对(颠峰)速度、急停急转和突然起动速度、完成技术动作的速度、从一个动作转换到另一个动作的速度。

决定速度的一切因素与遗传关系甚密，但是，这并不意味着体能练习是无足轻重的。例如，孩子的反应速度在许多方面取决于神经系统的类型，属于遗传基因。但是，系统的体能训练在一定程度上促进着速度的发展。同样，动作速度不仅取决于神经系统的遗传性质，而且取决于完成这些动作的肌肉的状态。因为随着年龄的增长，借助体能的锻炼能加强肌肉的收缩能力。可见，动作频率以及与此相关的进行大部分运动所需要的速度，在童年时可以提高。

五人制足球的特点是比赛情境瞬息万变，因此，速度的综合性表现形式是其特征。发展综合性速度的基本方法是：重复进行一系列从极限频率到极限频率的练习。这种练习的形式是重复进行短距离的加速跑。建议逐渐地、平稳地加快速度，加强动作的频率，直到最大限度。

训练青少年球员的速度，要格外注意在轻松的氛围中进行。例如，下坡跑，领跑等。在这些训练中，球员会你追我赶地超越临时确定的速度极限，尽管跑动距离不长，但可达到更快的速度。

如果五人制足球任课教师能够随时监控和精确评定学生练习速度所达到的水平，那么速度训练就会有更好的效果。对于练习最快速度有重要作用的是采用比赛的方法。例如，此类练习建议采用运动员已经熟练掌握的一些技战术动作。球员在极限速度状态下，不能做不够熟练的技战术动作，因为他们在练习时把主要精力集中在技术动作上，而不是在速度上。

可见，发展速度的最基本的方法就是在15秒内进行极限强度的跑步练习。在进行训练之前，建议学生要进行不少于15—20分钟的准备活动，要将全身肌肉活动开，身体应该发热，否则在训练过程中会造成肌肉、韧带损伤和疼痛。球员只有将先前上课的疲劳完全解除，才能把旨在训练速度的内容纳入课程的主干部分。从整体上讲，球员发展速度的训练量不应该太大。训练量应该由训练重复的时间长度和数量确定。每组练习的额定量应该如下：每组有5—7个加速跑，每组之间有间歇。间歇时间的长短，应能使球员的体能得到充分恢复，能够达到先前的速度水准。

男孩和女孩的速度发展的最佳期在 7 岁到 10 岁。11 岁和 14—15 岁速度发展相对缓慢。临近此年龄段的学生的速度反应和运动的最大频率指标,事实上开始趋于稳定。大体上在 12—13 岁之前,孩子速度的发展水平的差异与性别关联不大。但以后男孩会超过女孩,特别是在移动速度方面,例如跑动速度。

速度练习示例

1. 从不同的起始姿势(侧身站立、脸或胸部朝前,单膝或双膝跪立,半蹲等),通过采用对视觉信号和听觉信号的反应,进行 5 米、7 米、10 米、15 米和 30 米的起跑或冲刺跑。

2. 运动游戏。"老鹰捉小鸡"、"捉麻雀"、"两个雪大王"、"给船长球"、"相互射击"等,以及不同形式的接力赛。

图 1

3. 反复进行短距离跑(6—10 米);往返跑 2×10 米、4×5 米、4×10 米、2×15 米、5×30 米。

4. 15—20 米高抬腿跑、小步跑、双脚轮换跳跃跑。

5. 手把肋木,高抬腿原地跑动(图1)。

6. 原地连跳 6—8 次,紧接着全速跑 10—15 米。

7. 原地起跑,先下坡跑(图2),再上坡跑(图3)。

图 2

8. 进行蛙跳练习。

9. 从原地起跑,在沙地(锯末地)上跑 10—15 米。另一种方法是在水里跑 8—10 米,效果同样。

10. 追领跑者(用光或机械代替)20—30 米。

11. 进行不同姿势的起跑,负重跑(腰负重 3 千克)。

12. 立定二级跳远和三级跳远。

13. 先转体 360 度,然后跑 15—30 米。另一种办法:侧身交叉腿向左(向右)跑。

14. 双臂悬垂在双杠上,双腿做高速跑步动作。

15. 肩倒立,双腿进行高速度蹬车动作。

16. 变速跑 120 米。先全速跑 20 米,然后再放松跑 20 米,依此类推。

17. 站立式起跑。起跑 10—15 米,在最后一段距离,不要减速,向上垂直跳跃,然后停止。另一种方法:直接进入冲刺跑练习。

图 3

耐力训练

足球运动员的耐力是指身体抗疲劳的能力,或指在球赛过程中进行长时间运动而不降低效率的能力。这种体能是从事五人制足球的球员最重要的素质之一。耐力取决于中枢神经系统的状况,特别是大脑皮层,当然,还有心血管系统和呼吸系统的训练状况。同时,五人制足球运动员的耐力还与球员技战术训练水平的高低,以及运动中是否会节省体力有关。衡量耐力的标准是时间,在一定时间内球员能维持一定的体能强度。

为了正确掌握训练五人制足球球员耐力的方法,建议首先要注意此项运动的特点,以及球员在比赛中所承受的负荷。

众所周知,五人制足球运动员的运动特点包括两个方面:一方面,在短时间内(3—8 秒之内)需要最大的能量强度(冲刺、加速、跳跃、冲撞等);另一方面,在比赛的某些阶段需要的体能强度比较均衡。制定球员耐力训练方法时,应该区分两种类型的耐力:一般耐力和专项耐力。

一般耐力,指在均衡或小强度运动状态下进行各类活动的能力。均衡训练法和间歇训练法是发展一般耐力的基本方法。考虑到五人制足球运动的特点,在训练球员时,建议应该尽量完好地培养运动员的呼吸(有氧)能力(这是全场足球赛要保持高速度所要求的)。同时,为了完成大量冲刺类动作也必须发展无氧耐力。

提高青少年球员的一般耐力,建议采用竞走、中长跑、游泳、滑雪这类相对匀速的运动,也可以采用循环训练和运动比赛等方式。

为提高青少年球员的一般耐力,建议按照规定的速度,且间歇在 6 分钟以内进行距离不等的多次跑步,还可以进行多次重复提高一般耐力的练习。这些训练都可以作为高强度的练习。

一般而言,提高五人制足球球员耐力的最好方法是,进行全身肌肉群的训练。训练 7—11 岁球员时应该注意,这个年龄段学生的心血管和呼吸系统的负荷承受能力非常小,训练中应该让他们有充足的休息,训练与休息交替进行。

随着年龄的增长,肌体的负荷承受能力会渐渐提高。此外,在系统的训练过程中,身体也发生着生理变化,即肌体会逐步适应一定的负荷,具有一定的抗疲惫能力,还具有在大负荷体力消耗之后很快恢复体力的能力。因此,教师要定期酌情加大球员的运动负荷,但这应该以不损害学生的健康为前提。

训练 12—15 岁学生一般耐力的基本方法是,进行匀速的跑步练习。跑步时间从 8—10 分钟增加到 20 分钟(心率 140—150 次/分)。之后可以用变速跑的方法提高一般耐力。运动负荷量安排要合理,要与交替进行的积极休息和消极休息配合运用,这样才能加大训练的强度。例如,在 1000 米跑的过程中,前 200 米不需要太快的速度,然后,每 200 米过后要加速跑 20—30 米。加速跑时要变换运动强度,运动强度的大小,要以训练周期的任务和目的为依据,自然也要考虑学生的运动素质。

在训练五人制足球运动员的过程中,采用这种方法应考虑到,锻炼强度在结束时应该达到心率 160 次/分。锻炼的持续时间要在 30—45 秒内完成,中间休息时间 15 秒到 45 秒。休息临近结束时,心率应该是 120—140 次/分。

每次练习之间的休息属于消极休息。消极休息采用的次数要相对固定,适合训练周期任务的安排。

在训练 16—17 岁男女球员时,为了提高学生的有氧耐力,应该多采用间歇训练法。采用这种方法提高有氧耐力,练习的负荷强度不应该超过最快心率(90—170 次/分)的 80%,练习的持续时间为 1—3 分钟,间歇时间为 30—90 秒,重复次数为 10 次。如果间歇训练以组为计算单位(每组重复 5—6 次),那么每组之间的休息时间应该达到 6 分钟,而一堂课可分为 2 组到 6 组。

专项耐力,指球员在整个比赛过程中,长时间保持一定速度有效完成动作的能力。这种耐力取决于一般耐力的训练水平、主要运动器官的成熟程度和个人的意志品质。专项耐力中特别要指出的是速度耐力和比赛耐力。速度耐力即在整个比赛中球员能够保持高速度完成各种技术动作及高速跑动的能力。比赛耐力即球员在比赛时高速完成各种技术动作,同时不降低成功率的能力。

提高速度耐力,建议多次进行速度练习(进行冲刺跑、急停、加速跑、急转身、跳跃等相互交替的训练,进行比赛基本技术的模仿练习)。间歇训练法是提高速度耐力的主要方法。

训练速度耐力的主要标准是保持速度时间,即在训练过程中要保持一定速度的运动时间。体能负荷按照下列参数:一组训练持续 20—30 秒,要最大强度。每组训练的间歇时间为 1—3 分钟,每次训练 4—8 组。

训练青少年球员的比赛耐力,建议运用不同的教学方法,这些方法的合理性已被实践证实(超过正常教学比赛时间 5—10 分钟,让新的对手或已休息充分的球员作为陪练进行对抗练习。进行减少人数的教学比赛,在教学比赛过程中进行各种训练)。

高强度运动是五人制足球的特点。这就要求任课教师在课堂上必须提高学生多次投入比赛的能力,在一定时间内全力进行比赛的能力,以及比赛过程中多次高强度体能消耗之后的抗疲劳能力。

为了训练球员适应这种高强度的比赛,建议采用间歇训练法。例如,在高强度的教学比赛中,可以延长比赛时间,有鉴于此,比赛中可以休息 5 分钟,或是插入练习某种球技。这样,每次休息后球员便可以以最大的热情投入训练,使训练达到最大强度。或是在进行常规训练比赛和教学比赛中,将每组通常轮流踢球时间由 3—4 分钟延长到 5—7 分钟,等等。

在训练青少年守门员的耐力方面,建议注重提高他们的跳跃耐力,也就是训练反复起跳扑高空球、扑两侧来球、扑正前方来球的能力,包括一人防守多人的情况下训练上述扑球能力。训练耐力采取多大运动量及何种方法,应该根据球员的年龄、性别、身体素质来确定。

耐力训练示例

1. 进行中距离适中强度的竞走训练,也可以在有上下坡的地段进行越野跑。

2. 围绕足球场地进行长跑。可沿着边线跑,也可沿着球门线向前跑和后退跑。

3. 按照下面的方式围绕足球场进行跑步训练。中等速度沿着边线跑;沿着对角线先冲刺跑 10—15 米,然后慢跑;沿着球门线后退跑等。

4. 球员在听到哨音后的 3—5 秒内进行围绕足球场的冲刺跑。

5. 障碍跑。起跑时球员先后退 5 米,返回起跑线,然后加速,跨过 4 个间距 2 米的障碍物,然后再越过 4 个间距 3 米的障碍物,最后跑回起跑线。

6. 跳跃跑 15 米,右转 90 度,小步跑 15 米;左转 90 度,高抬腿跑 15 米;左转 90 度,冲刺跑回起点。

7. 在整个足球场内进行五人对三人控球对抗性练习。

8. 在整个足球场内进行四人对四人防守对抗练习。

9. 在足球场地的半场进行四人对二人的练习,持球方每次在不超过两次触球的情况下完成运球。

10. 两人一组,距离 8—12 米,进行 5—6 分钟地滚球和高空传球练习;另一方法相同,但是每次传球之后再挥动手臂向上跳。

灵活性训练

灵活性是指球员反应敏捷，能迅速、从容地协调动作，摆脱困境的能力，以及在球场上的快速应变能力。

灵活性与力量、速度、耐力和柔韧性有一定关系。

拟订训练五人制足球球员的计划，要包含灵活性的训练。这一训练应该从简单的练习慢慢过渡到复杂的练习，要进行身体左右两边的训练，在两人或多人练习中要加强球员之间的对抗性。应该注意，练习灵活性要求球员有很敏感的肌肉感觉，球员疲劳时做这种练习效果欠佳。这就是为什么在完成这些练习（像练习速度和力量一样）的过程中必须有足够的使身体恢复的间歇时间。一般而言，在进行这样的训练时，应该在完全恢复了训练的疲劳之后进行。例如，在训练青少年球员的灵活性时，应该先做准备活动，并且在身体还没有出现疲劳时进行。建议在一节课中不要进行过多的灵活性练习。

灵活性训练分为一般灵活性训练和专项灵活性训练。

一般灵活性训练的主要任务是，扩展学生的运动技能。灵活性练习的方法有：技巧和体操训练、在蹦床上跳跃练习、运动性比赛、多人配合的训练、田径训练、摔跤练习。在球员不熟悉的环境中，如，另外的室内场地、草坪上，设置障碍物训练他们熟知的项目，以及让他们照镜子自我观察练习动作，有助于提高一般灵活性素质。

专项灵活性是指，运动员在各种复杂变换的条件下能够迅速、准确、协调地作出应答动作，使自己具备适应瞬息万变的比赛情境的技能。五人制足球的专项灵活性要求队员在带球时就像没有球一样。全场的跑动、做假动作、冲撞等等，都要求运动员具有很好的动作协调能力。在五人制足球运动中专项灵活性不仅表现在球员持球时，也表现在其无球情况下。在球场跑动、带球、做假动作、射门等，皆需要球员身体有高度的协调能力。

专项灵活性的基础是一般灵活性。专项灵活性的养成要靠球员多年的训练积累。这项身体素质水平会随着运动生涯的增加和比赛经验的积累而提高,球员的运动生涯愈丰富,他们愈容易应对在比赛中出现的各种复杂情形。

在训练青少年球员灵活性时,应该注意:灵活性的迁移,原则上是非常有限的。例如,球员在训练课上可以用不同的方式带球,并完成其他整套技术动作。但他们在比赛中的水平时常并不是那么高,甚至有时水平是很低的,即使是在简单的情境下。这就是为什么在训练球员专项灵活性时,建议在教学和训练的过程中采用一些方法,培养他们能够直接应对比赛情境的运动技能。

总之,训练青少年球员灵活性的基本方法是:进行五人制足球技术动作的模仿练习,进行各种联赛和技巧运动练习,或是上述方式综合运用。通过这样一些训练,球员可以借助灵活、快速的动作,摆脱比赛中突然出现的困境。

训练青少年守门员时(训练其身体失去重心情形下的自控能力),可以采用在蹦床上进行的各种弹跳练习和鱼跃式技巧练习。

训练球员灵活性的最佳年龄为9—12岁。然而这并不意味着此后不再进行灵活性素质的提高和完善。此外,为训练灵活性,在进行一般训练的过程中,建议拟订个性化方案,并针对某些球员进行补充训练。

灵活性练习示例

1. 进行多种运动性比赛和相互配合的练习。

2. 取坐姿进行前滚翻,复原。另一种方法同样,但是双脚放置比肩宽,双手抓住脚踝向前俯身翻滚。

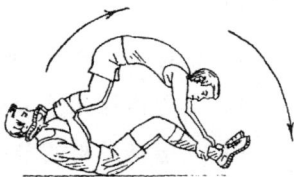

图4

3. 取坐姿进行后滚翻,复原。另两种方法同样:①手向后挥动并后滚翻;②取站姿进行后滚翻。

4. 站姿,双脚并拢,做鱼跃前滚翻。

5. 两人一组练习。两人相互握住小腿,双方一起完成向前翻滚(车轮式)(图4)。另一种方法动作相同,但是两人一起向后翻滚。

6. 两人一组练习。两人脸对脸半蹲姿势,相互拉着对方的手,双方向前伸左腿或右腿,一起跳"哥萨克"舞(图5)。

图5

7. 三人鱼跃前翻滚。靠边的两人脸对脸站立。中间的人迎着与自己脸相对的人做前滚翻,另一个人迎着滚翻的人从他的上方滚翻过去,第三个人从第二个滚翻的人身体上方越过,依此类推(图6)。

图6

8. 助跑然后单脚蹬地尽量向高向前跳跃(落在指定的垫子上),接着做一个前滚翻。

9. 加速跑过间距2米的五个蛇皮状障碍物,取半蹲姿势完成向上向前的跳跃,并在跳跃中用头撞击悬挂的球。

图7

10. 从起点进行5—6米的加速跑,然后跳起分腿腾越过"猫着腰"弯腰站立的队友,再越过第二个"猫着腰"的队友,再跃过第三个……,依此类推。

11. 球员向前向高掷球,并跳过体操长凳,把球停在脚下沿着凳子带球跑。

12. 沿着体操凳带球。

13. 在运动中用头颠球。把凳子放置在两脚中间,步行行进用头颠球练习(图7)。

柔韧性训练

柔韧性是非常重要的身体素质,可以理解为主要运动器官的形态变化而决定机体某些关节的活动幅度。

柔韧性更便于凸显其他体能,如,力量、速度、耐力和灵活。练习柔韧性,对于学生骨骼和主要运动器官的正常发育有不可替代的作用。在五人制足球运动中,运动员如果不具有很好的柔韧性,就不能轻松自如地完成技术动作,身体难以进行有效的张弛运动。柔韧性分为积极柔韧性和消极柔韧性。

积极柔韧性是运动者通过收缩身体相应部位的肌肉群所达到的较大的运动幅度的能力。消极柔韧性是由于对身体运动部位施加外部力量(对方的力量、负重、运动器械等)所达到的关节最大活动幅度的能力。

两种柔韧性是专门针对身体每一个关节的。比如,肩关节十分灵活的足球运动员不一定在膝关节和踝关节有这么高的柔韧性,所以,必须全方位地训练五人制足球队员的柔韧性,尤其是对这项运动至关重要的关节的柔韧性训练。可见,柔韧性可以分为一般柔韧性和专业柔韧性。

一般柔韧性,指全身的所有关节的活动,可以完成最大幅度的各种不同的动作。

专项柔韧性,指仅仅是运动专项所需的某些关节在承受重力时大幅度的甚至是极限的运动。

拉伸练习是训练柔韧性的方法,建议做这样的练习要有弹性,要一组一组地进行练习,每组练习有节奏地重复 3—5 次(可与伙伴共同练习,可在体操器械上练习,用体操棒练习等等)。针对每一部分关节的重复练习量,一般应该逐渐增加。运动的极限是,最大限度地拉伸肌肉,特别是有肌腱的部位,有疼痛感觉。对此练习者应该注意,一有疼痛的感觉时,就应该停止练习。

借助拉力练习,锻炼肌肉的弹性。预先要做放松活动,如,做按摩、做放松练习、洗温水浴等都十分有益。

获得最大柔韧性的主要方法是重复练习。最初要每天坚持练习（做早操时练习，也可以个人单独练习）。当达到要求的指标后，拉伸练习量要减少。柔韧性达到相当水平，就相对稳定了。在此情况下建议减少练习，每周进行 2—3 次相应练习就会保持柔韧性锻炼的效果。作完柔韧性练习后，一定要做放松练习。

柔韧性的好坏与练习者的年龄和性别有关。球员在 13—14 岁之前应逐步增强身体大关节的柔韧性训练，当临近 16—17 岁时呈现稳定状态。此后，柔韧性的增长速度呈稳定下降趋势。应该注意的是，如果训练 13—14 岁的球员，忽视拉伸练习，那么，在青少年时期柔韧性就开始下降。从事五人制足球，建议从球员 7 岁开始就有计划地练习柔韧性。必须指出，在所有的年龄段中，女孩的柔韧性都要比男孩高 20—30％。

柔韧性练习示例

1. 弹跳行走。

2. 向上抬起双手从前向后活动腕关节。

3. 持重物或徒手大幅度地侧转手臂。

4. 距离墙一米远站立，上体前倾用手推墙。

5. 膝关节做侧转运动。

6. 以髋关节为轴旋转躯干。

7. 以髋关节为轴转动左腿和右腿。

8. 在体操器械上，下压左右腿。

9. 坐姿，双腿合拢，上体前曲，头至膝盖。

10. 仰卧，脚尖伸到头左右两侧，并越过头部。

11. 双腿并拢坐在地上，双手在后面支撑，向右（左）腿移动。

12. 由跪姿转为直腿坐。

13. 原地单腿轮换跳。

14. 两个人用手臂合作练习对抗力和拉力。

15. 模仿脚内侧击球,练习左右腿的原地侧转。

16. 模仿用左右脚的内侧轮流踢球。

17. 模仿用左右脚的外侧踢球。

18. 模仿用左右腿踢落在腰部的球。

五人制足球运动员练习柔韧性的适当方法是做伸展运动(英文为stretching)。伸展运动广泛用于各种类型的运动中,这种综合练习适用于训练肌肉、韧带和肌腱以及四肢。这些练习便于操练,可以借助器械,也可以不用器械训练,也可以由同伴帮助完成。

做伸展运动不需要幅度太大,不要速度太快,肌肉拉紧时不要强度太大,也不要做有损主要运动器官肌肉韧带的机械练习。做伸展运动的目的是,使松弛的肌肉最大限度地进行张弛交替运动。做伸展运动的部位,或者是身体和四肢的所有肌肉群,或者仅仅是某些肌肉群,这由训练课的任务而定。

训练中小学生球员时,做伸展运动仅限于针对相对发育成熟的肌肉。上课起始阶段做伸展运动是为了肌肉能进行基本锻炼。上课主要时间做伸展运动是为了进行具体的训练(例如,对一定的肌肉群进行力量练习),临近下课做伸展运动是为了放松。

做伸展运动除了广泛运用于个人单独练习以外,也用于球员准备比赛的时候活动身体。

应该注意的是,伸展运动是不能代替的,而仅仅是对一般性和专业性综合练习的补充。这种练习只能推荐给受过训练的学生进行锻炼。做伸展运动可以用以下几种方法。

一、在静态下,用最大的力拉伸某些肌肉或肌肉群。

二、在练习停止2—3秒中放松肌肉。

三、绷紧运动肌肉,并均衡用力持续20—30秒。

做伸展运动的最佳效果是,操练者的肌肉感觉到疼为止,建议操练者不要强忍剧疼进行练习。可以适当地延长练习时间。

肌肉伸展练习示例

1. 双手在颈后交叉,肘向前转动,同时向前压头(图8)(图中人体黑色部分是指示被训练的肌肉或韧带所在部位。以下同)。

2. 双手交叉放在肘关节上,并向肩膀方向按压(图9)。

图8   图9

3. 两人一组进行练习,前者交叉双手在颈后,后者站在其身后,双手向下用力按压前者的肘关节(图10)。

4. 伸出双臂,用手掌紧紧握球(图11)。

图10   图11

5. 脸朝墙角站立(手掌撑在墙上),躯干前倾(图12)。

6. 背靠肋木站立,双臂展开双手握紧肋木向下压肩关节(图13)。

图12   图13

7. 站立,左(右)手肘部弯曲,并抬起,用另一只手放在弯曲的手的肘部向后下方压(图14)。

8. 肩关节微曲,肘部伸直,绷紧臂膀前部(图15)。

9. 坐在凳子上,手掌做支点(手指向后伸开),手指向下用力按压凳子表面支撑身体(图16)。

10. 做向前弓步的姿势,手支撑在膝盖上,伸展髋关节(图17)。

图14

图15

图16

图17

11. 前臂弯曲支撑在某个支点上,额头贴近手臂(一条腿的膝关节弯曲并向前伸,另一条腿向后面伸直),慢慢地向前移动臀部(后背直挺),伸直的腿的脚后跟稍稍抬起,膝盖稍微弯曲,摆动大腿,伸展小腿的肌肉,这种练习轮流做,锻炼两条腿的肌肉(图18)。

12. 微蹲姿势,绷紧股四头肌,放松臀部表层的肌肉(图19)。

13. 站立,两腿分开与肩同宽,体前屈(双腿稍微弯曲,颈、手放松),直

图18

到后面臀部肌肉绷紧为止(图20)。

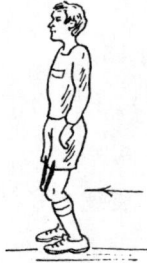

图 19　　　　　　　　　图 20

14. 一条腿站立(另一条腿膝盖弯曲,脚背搭到体操器械上或支撑物上),向后压脚背,支撑腿膝盖稍微弯曲(图21)。

15. 一条腿站立,另一条腿膝盖弯曲,用手抬起脚,努力向臀部拉伸(图22)。

图 21　　　　　　　　　图 22

16. 身体平躺(身体倾斜与地表面成30°角),手放在大腿上,绷紧腹部肌肉(图23)。另一种练习方法也同样,取站立姿势,手向后抓紧肋木,吊在肋木上(图24)。

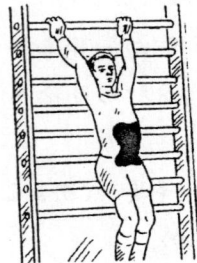

图 23　　　　　　　　　图 24

17. 侧卧，右腿在下，用右前臂和肘部支撑身体，将左大腿向后伸(腿的膝盖部分弯曲成直角)，左手用力将脚向臀部拉近(图25)。

18. 坐姿，双腿交叉，双手扶着脚，然后慢慢向前倾斜身体，直到感到腹股沟处绷紧(图26)，注意不要低头含胸。

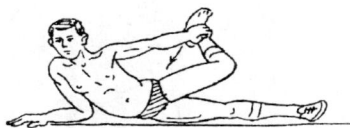

图25

图26

19. 跪姿拉伸股四头肌和腹部肌肉(图27)。

20. 一条腿伸直放在支撑点上，另一条支撑腿轻微弯曲，向下(向支撑点)压腿、绷紧，锻炼臀后部肌肉(图28)。

图27

图28

21. 两腿分开站立，后背靠在支撑点上，向里压腿，收紧臀部肌肉(图29)。

22. 坐姿，一条腿在前(脚掌与地面呈垂直的角度)，另一条腿向后，膝盖弯曲，脚掌向臀部。躯干保持垂直，髋关节前倾，锻炼大腿上的肌肉和躯干的肌肉(图30)。

图29

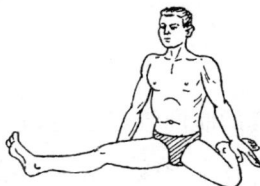

图30

另一种练习方法:用力将两只手放在伸直的腿的脚掌上,躯干向伸直的那条腿的方向压(低头)(图31)。

23. 跪姿,两腿分开,与肩同宽,一条腿弯曲,使脚能够触到另一条腿的膝盖,然后身体上部向后仰,双手向后伸直撑地(图32)。

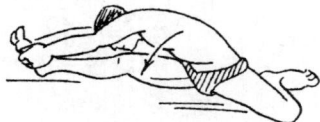 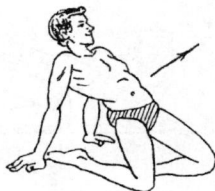

图31   图32

24. 两人一同练习,一方用手用力推另一方的脚,另一方用力抗衡,锻炼小腿肌肉(图33)。

25. 仰卧,身体平直紧贴地面,手放在身体两侧,双腿上举过头向后弯曲,脚趾触到地面(双脚与肩同宽,手指并拢)(图34)。

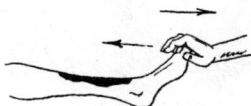 

图33   图34

26. 仰卧,身体平直紧贴地面,双臂伸直与躯干保持水平状态,双腿伸直,伸展全身,绷紧、锻炼全身肌肉(图35)。

图35

在做完整套的肌肉练习之后,建议进行放松活动。每次训练后,都应该做放松练习。在水中缓慢游泳,对放松特别有效。

放松练习示例

1. 抖动手腕(向下、向上、向两侧)。

2. 站立,双臂向两侧举起成"水平"状态,尔后自然下垂;另一种练习方法:双臂向前,然后分别伸向两侧(图36)。

图36

3. 单腿站立,自由晃动另一条腿,两腿交替训练。

4. 双腿分开站立,晃动手臂,并侧转躯体。

5. 将腿搭在横梁上(体操器械上),自然晃动腿部。另一种方法:把腿搭在吊环上练习。

6. 双腿分开站立,双手上举,然后手腕下垂,并放松。放松前臂膀、手臂、头、躯体,并下蹲,最后起立复原。

7. 站立,身体前倾,双臂下垂,晃动躯体。

8. 做放松性慢跑。

9. 一条腿原地微微跳动,自然抖动另一条腿和双手。

10. 平躺,彻底放松肩、臀、腿、躯体上的肌肉。

11. 肩胛骨靠在支架上,抖动放松双腿。

12. 一条腿站立,抖动另一条腿(图37)。

13. 坐姿,双腿膝盖弯曲,抖动双腿(图38)。

14. 步行并轮流抖动双腿(图39)。

图37　　　　　　　　图38　　　　　　　　图39

技术与技术训练

五人制足球技术,是指为了达到比赛预定目的所使用的专业技巧的总和。该技术基本分为两部分:无球条件下依靠运动员移动来实现的技术和控球条件下完成的技术。根据室内足球技术的特点,可以将室内足球技术训练分为场地队员技术和守门员技术两大部分。总体而言,室内足球技术复杂而多样。因此,为了培养技术全面的青少年足球运动员,可以在中小学开展室内足球运动。为了保证教学效果,需要教师精心挑选学员;任课教师对课程要深思熟虑,采取合理的教学法,制定周密的训练计划;要充分激发学生的积极性和创造性。

技术训练可以采取循序渐进的教学模式:技术概述;简化条件下技术的训练;复杂条件下技术的训练;巩固技术的训练。

技术概况的讲解方式可以灵活多样,讲解和演示是主要的方式。教师在讲解过程中应当让学生准确地把握技术动作的结构,引导学生关注关键环节,而不必拘泥于动作的细节。例如,在讲解脚内侧踢球的技术过程中,应该将学生的注意力集中在动作的基本要领上(即触球脚的脚尖要适当向外翻)。教师在讲解中不妨采取生动形象的授课方式以提高教学效果。

讲解过程可以按照以下程序进行:首先由老师做演示,然后指出其中的要领,最后详细展示该技术的战术应用。也可以让已经接受过培训的学生来完成这一动作的演示,旨在帮助同学准确无误地理解所学动作的构成、顺序和各个要素的协调一致。建议在演示过程中使用讲解与直观图片教具穿插的形式进行。在学生开始进行技术实践后,技术概况的讲解也接近完成。

技术方法的学习要借助整体和分解相结合的方式进行。绝大多数的技术都应当采取连贯的方式来学习。在研究一些比较复杂的技术动作时，必须将动作分解予以讲解。例如，倒钩球、鱼跃顶球、接球、扑救球等，以及其他成系列的动作。这意味着，没有掌握并积累必要的基础技术动作，学生不可能学好复杂的技术动作。使用各个分解动作的方式帮助学生逐渐把握所学的动作要领，再逐步过渡到将各个分解动作进行整合，最后达到所有动作一气呵成的目的，实现贯彻一体化教学的原则。

在学习连贯球技的过程中，如果学生出现重大错误的动作，必须使用分解式的教学法予以纠正。正确的解决途径是：及时改正错误的部分并反复练习正确的动作。例如，青少年学员在练习脚背踢球时，典型的错误是没有将支撑的脚站在与球的重心点成一条线的位置上，离球太近或太远。在纠正此类错误时，教员可以建议学生模仿跑动踢球的动作，同时要把支撑的脚放在与球成一条直线的规定的位置上。但是由于青少年生理上的不成熟，技术动作变形的情况是常见的。因此，教师所面临的主要问题在于选择合理的训练方法和体能上的充分准备，以有效提高学生的技术水平。

在复杂的条件下学习技术方法的首要任务是，培养学生在变化的条件下完成技术的能力，所谓变化的条件是指与比赛环境相似的训练条件。这样的训练条件可以使学生养成灵活机动地运用技术动作的习惯，不断完善自身的战术技能。

复杂化的技术教学程序如下：首先是在原地上的动作练习，再转为与对手的积极对抗，直至进行流动比赛、游戏式训练、教学比赛。原地动作练习时间不宜过长，因为原地动作练习的目的在于帮助学生理解一个技术的基本构成。原地动作练习后应当立即转入该技术在运动过程中的实践练习。在这个学习训练过程中，不宜要求所有的学生达到同一技术水平。

要让学生在训练的过程中了解掌握自己的身体结构特点和运动天赋，逐渐形成并完善个人特有的技术。在复杂条件下学习技术还能够帮助学生形成相应的战术技能。我们可以观察到这样一个规律：技术培训的模式越是丰富,学生所表现出来的战术潜能就越加明显。

　　技术的巩固要依靠反复的场地训练和比赛性训练。无论是教学还是日常对抗赛,都应当在最大程度的接近实战条件下进行,要求每个学生在所有训练中都能够分配到具体的任务。与此同时,在授课过程中,与上述训练相关的工作是,教师要关注学生个体的差异,安排针对性的训练任务以提高比赛的技术水平,以保证运动员在赛场上可以承担不同的具体任务。技术的复习巩固还呈现出非常重要的一个特点:它与增强学生的体质的过程是同步进行的。例如,在反复进行鱼跃头球的训练中势必能够提升学生的弹跳能力。

无球移动的技术

　　训练时,足球队员在移动中不断重复进行走、跑步、跳跃、转身等运动,这些运动能帮助队员摆脱对手的防守,转移对手的注意力,牵制对手的盯防。此外,运动员高超的移动技术,能够保证在赛场上带球前进时淋漓尽致地发挥个人的技术水平。

　　在室内足球这样大运动量的赛事中,行走明显少于跑动。尽管如此,行走在赛事中也是不容忽视的。行走和跑步不断轮换使用可以帮助运动员调整体力和速度。室内足球运动的行走有别于日常生活中的步行,因为运动员在走动过程中膝盖是保持弯曲状态的。为了保证自己的球门不失,防守队员必须碎步快速移动。

　　在室内足球运动中,跑步是最重要的移动方式,它可以保证运动员及时加速或减速,速度是队员们在比赛中必备的素质。球员在场上与地面接触是依靠从脚后跟到整个脚掌的滚动。跑步可以使运动员突然摆脱对手防守,及时达到无人盯防区域,在这样的过程中其实还运用了跑步的变体形式——猛然发力向前冲。加速跑适合在较短的时间和在较短的距离内使用,距离大约是3—30米,加速跑可以在任何方向或者瞬间实现,及时起跑加速或者突然在跑动中加速,如果运用的正确,通常可以有效地牵制对手。加速跑的前面几步是由脚尖接触地面开始的短促步伐,身体前倾,双臂肘部弯曲为直角,头稍微抬起,按节奏前进,随着步幅的增大,不断加速。室内足球中不仅有直线跑而且还有各种不同方向的变向跑,因此跑步的练习方法也是多种多样的,如,倒退跑、高抬腿跑等。高抬腿跑时前移、后退或侧移,脚掌着地依靠脚跟向脚尖的滚动来完成,与此同时,另一只脚轻巧的滑动向站立的脚靠近。

运动员在移动过程中,还有一种非常重要的方式是跳跃,跳跃分为向前跳、向上跳和向两侧跳三种。运动员完成跳跃着地的瞬间应该保持轻松、平稳和身体平衡的状态。落地时双腿略微分开并弯曲可以起到缓冲的作用。这样的着地能保证运动员做到及时调整体姿以投入比赛,同时可以根据比赛现场的需要做出新的专业技术动作。

运动员在比赛中会面临许多出乎意料的情况,这为他们使用以下新技术提供了机会。运动员可以借助于转身来尽量保持原有速度,并且得到变速前进的机会。转身可以在原地和行进中完成,例如,可以利用接连的碎步交替来完成转身。

毋庸置疑,室内足球运动员须在比赛中一直进行着跳跃、突然起动、突然停止的动作,然后再从一个全新的准备姿势重复第一个动作投入比赛。在所有移动转换过程中,队员需要克服身体的惯性,通过控制腿部肌肉来适应各种状态下的运动。缓冲在时间上的要求越是严格,则需要的时间就越短,而对运动员腿部的肌肉拉伸力要求也相应增高。这些要求是运动员及时调整运动方向的保障,也是在课堂上要求学生完成掌握一系列运动的原因。课前设计时,应当考虑到运动员在任何方向的跳跃、停顿、转身都能与突然起动相衔接。正是这样的综合性训练,体现了室内足球运动员在身体移动方面的特点。

室内足球比赛最重要的特点之一在于它的排兵布阵上。比赛中,虽然每个队员都承担着具体的任务,但是他必须还要具备防守队员和前锋队员双重的能力。因为赛场上情况瞬息万变,队员需要经常不断的变换自己的身份,或防守或进攻。总之,具备综合的技术是室内足球运动员必备的重要素质。在赛场上每一个参与者都要时刻准备着根据对手的策略进行战术上的调整，尤其是在超出预想的情况下。

为了有效地进行一对一的对抗，运动员须作好以下的预备动作，该动作被称为"防守式站姿"（图40）。

"防守式站姿"，顾名思义就是运动员在防守时的站立姿势。双腿分开与肩同宽，膝关节弯曲，双臂放在腰部偏下位置，保持身体的平衡，放松背部，将身体的重心放在两条腿上。防守队员要紧盯防守对象，用眼睛的余光关注其他球员的分布和球的位置。用这种防守方法可以在场上任何一个位置以一定的速度随时移动，进行有效的进攻或防守，保证在赛场上采取灵活机动的战术。

图 40

防守站姿也可以采取另外一种方式，即防守队员一脚向前移动。当双脚与肩同宽时，防守队员有机会随时向所有方向移动。在这种情况下，球员在做出准确的判断后，可能获得绝佳的机会或者接近对方进攻队员并踢飞对方的控球，或者阻断对方的传球，或者猛冲之后变防守为进攻。防守式站姿下，运动员移动时，腿部的技术称之为"腿部功夫"，它可以和拳击手在拳击台上的移动相提并论。为了能够帮助学生掌握防守式站姿，建议教师采取相对循序渐进的过程进行操练，在练习中逐步提高速度，保证学生能够在保持膝盖明显弯曲的防守式站姿中领会身体移动的技巧。为了不断提高队员腿部的功夫，建议采取多样化专业技巧的训练方式，甚至包括综合方式的训练。

防守站姿技术练习示例

1. 取防守站姿,哨声响再微抬脚尖,然后回复初始状态,反复做练习。

2. 取防守站姿后,进行前后、左右行走,然后按照相同的方向将行走转换成慢跑。

3. 球员从场地边角出发沿着边线站立成横队,按照哨声呈防守站姿并用滑行步伐踩着边线开始运动,到达对角区域时运动员要努力按照原来行进方式再返回到初始位置。

4. 队员们在场地中线上,面对教练站立成横队,哨声响后完成防守站姿,背对球门线后退,行进中尤其注意练习后退步伐。第二次哨声响后转换成前进步伐并返回初始位置。

5. 队员在球门线外站立成两列纵队,教练员在场地中间,哨声响后,纵队中排头队员取防守站姿,根据教练员双手指示做混合方向的前移等。

6. 在球场边线附近画出一个长30米、宽6米的"长廊",利用立柱排出"之"字形曲线,长廊一端为球门。队员两人一组,每组确定一名进攻队员和一名防守队员。哨声响后,第一组的进攻队员带球沿着曲线从一根立柱向另一根立柱行进。防守队员取防守站姿后退(在带球队员面前舞动双脚后退)。他的任务是一边后退,一边始终处于进攻运动员和后面宽度为1—1.5米的球门之间的位置上。当第一组到达中间位置时,下一组开始练习,以此类推。当所有队员完成练习后,开始第二次练习,每组队员交换角色,训练方法相同。

7. 球员站在球门线外分组练习。每组有一个队员向前出列,面向同伴,取防守站姿,同伴带球缓慢向防守队员靠近,迫使防守队员以防守站姿状态后退并按照运球一方的方向前进。当练习进行到中场线位置(或者球门的对面线位置)时,队员互换角色。带球队员的速度应该是逐渐提高的。

8. 其他动作与上同,但是带球队员越过中线后,奋力绕过防守队员后射门。后者要努力阻挠其进攻。

9. 其他动作与上同,但是防守队员的防守动作要更加复杂些。他要把双手放到背后（左手握住右胳膊肘）。这个练习可以使队员明白，在防守对方进攻过程中"腿部功夫"的重要性。

控球技术

对于室内足球比赛的参加者而言，控球才是真正的比赛。控球技术的主要部分包括用脚和头部击球、接球、运球和做假动作、抢球，对守门员来说还有专门的技术。

脚部踢球分为用脚的内侧和外侧，脚背的正面、内外侧，也可以用脚尖、脚趾、脚底和脚后跟踢球几种方法。

脚部踢球使用的范围最广泛，运动员在任何位置上都可以采用脚部踢球。根据球的状态不同——对于定位球、地滚球和空中球决定踢球的过程为原地、行进中、跳跃中、扑救、等形式进行。但是所有的情况都分为踢球的三个阶段：预备阶段（助跑），准备阶段（踢球腿的引腿和支撑脚的站位），开始阶段（踢球动作和送球动作）。从原地开始完成的踢球是不带助跑的。

室内足球的特点在于不断来自对手的压力，同时完成带球的技术动作的时间十分有限，运动员要在瞬间做完上述所说的三个阶段的动作。因此，运动员在踢球动作过程中，要最小限度地减少肌肉用力。由此也决定了室内足球比赛中脚部踢球技术的特点，这些特点是由比赛中球的特殊的运动状态所决定的。

在学习室内足球的开始阶段，建议学生先用习惯脚完成每一个动作。然后再让学生用较弱的那只脚完成这些动作，这样使学生发展相对比较平衡。学习脚部踢球的每一个技术动作的教学顺序如下：在原地踢定位球，然后距离一步踢定位球（在踢球的时候，青少年足球运动员应该把注意力集中在正确的触球线路和支撑脚的位置上，以及踢球脚在触球瞬间的触球点），完成这个练习之后可以增加助跑踢定位球的训练，最后进行原地和助跑踢地滚球和空中球的练习。在教学过程中，建议每次练习的注意力都要集中在用正确的技术动作完成踢球这个环节上。

在总体上掌握了这些方法之后,再把注意力转到踢球的准确度上,然后是踢球的力度问题。踢球的技术完善有赖于系统化的训练。因此,我们需要来研究一下踢球的各种技术动作的完成以及其教学法。

图 41

一般说来,踢球技术的学习领会要从用脚内侧踢定位球开始(图 41)。当学生已经较好地掌握定位球的踢法后,再学习脚内侧踢地滚球的方法。在室内足球中用脚内侧踢球常用于短距离的传球或短距离的射门,这种方法的优势不在于力度大小,而是因为这种技术有相对的可靠性和准确性。其技术方法如下:支撑脚的脚尖必须正对出球方向,踢球腿膝关节弯曲,踢球腿的脚掌在触球前瞬间迅猛向外翻并前推,脚踝保持紧绷状态。当脚与球中间部分接触的时候,球员的身体要在球的上方前倾。完成踢球动作之后,踢球腿要随着球的运动方向继续前进,该动作被称为"送球",它广泛用于所有的踢球方法中。

练习示例

1. 队员保持踢球腿向前摆动与脚成 90 度状态。反复操练这个动作。同时,增加一个动作:当踢球腿向前摆动之前,支撑腿的膝关节必须呈弯曲状态。

2. 队员距立柱 1—1.5 米站立。从原地将定位球向挡板方向踢,球弹回,队员停球后再次将球踢出,反复练习。

3. 两人一组训练,每组一个球。两个队员之间的距离为 3 米,开始踢原地球,然后踢地滚球,应当尽量把球准确地踢到队友的脚下。

4. 两人一组练习,队员面对面站立,保持 2.5—3 米的距离。他们之间放置一个用宽为 70 厘米的立柱搭成的球门。队员停球之后将球贴地面运给对方,尽量使球在球门内穿行,反复练习。然后逐渐增加两个球员之间的距离,而同时球门的宽度却逐渐缩小。这个练习也可以用比赛记分的形式完成,队员每踢一个不准确的球就要被扣掉一分。

5. 两人一组练习。在场地上用实心球摆出一个宽 0.5 米的球门,队员在距离球门 7—8 米处从原地完成 10 个射门动作。两人中射门准确率高的球员获胜。然后用一步助跑完成射门,再用增加 2—3 步助跑完成上述练习。

6. 在场地上画一个直径为 10—12 米的圆,一个队员站在圆圈的中心,其他队员等距离地站在圆圈的边缘线上,站在圆圈中心点的队员把球传给站在边缘线上的每一个队员,拿到球的队员向前一步,用脚内侧将球踢回,反复练习。边缘线上的队员不断轮换圆心上的队员,动作同上循环练习。

7. 位置同上,但是球员沿着圆圈边缘来回运动,将球低位传到跑动球员的脚下。在做踢球动作时,球员向外的肩膀应该朝前,而支撑脚的脚尖方向应该与站在圆圈中心的运动员的前进方向保持一致。所有队员不断根据自己的移动位置在边缘线上调整方向。

8. 两人一组练习。每组的两个人都有球,他们之间距离为 4—6 米。两个人分别同时用脚传球给对方,对方接球后以地滚球方式再回传,反复操练。要注意在传球过程中尽量避免两球相撞。

脚背踢球分为脚背正面、外侧和内侧三种,这三种脚法在室内足球中适用于各种距离的传球,也可用于射门。

脚背正面踢球(图 42)是根据空中球前进的方向进行助跑踢球,队员身体保持在球的上方前倾状态,支撑脚的膝关节略微弯曲并与球的位置成水平放置,踢球腿

图 42

的脚尖向下,脚踝紧绷,脚尖"瞄准"球运行的方向,准备踢球的腿向后挪,

膝盖处用力弯曲,然后大腿迅速向前摆动。准确地踢球的中心位置。如果球员完成低处传球,则支撑脚应该与球在一条线上,如果打算高位传球,支撑脚就应该与球保持一定的距离。

脚背内侧踢球(图 43)常用于射门和完成不同距离的传球。完成该技术的方法如下:支撑脚脚尖放置于球的侧后方。支撑脚承受队员身体的重量,而队员身体向球反方向倾斜。踢球腿的膝关节弯曲,踢球脚的脚掌稍稍向外翻转,踝部紧绷,脚尖尽力伸展。踢球的位置应该是球的下部。

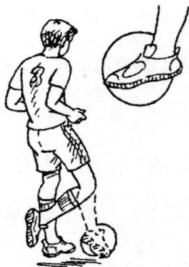

图 43

脚背外侧踢球(图 44)在室内足球中用于射门和传球。完成该技术的方法如下:支撑腿膝关节弯曲,并与球保持一定的距离,要确保支撑腿不影响踢球腿的运动,脚尖向下并绷紧、脚尖微翘、脚踝固定不动,整只脚要向内翻转,躯干前倾,整个身体的重心转移在支撑腿上。从整体运动结构上来看,脚背外侧踢球与脚背正面踢球技术相似。

图 44

脚尖踢球(图 45)在室内足球中是面对对手射门时使用最广泛最有效的方法之一。球员在触球刹那间踢球脚尖稍稍翘起,可以准确地接触到球的正中部。在守门员毫无防备的情况下,进攻队员的腿几乎不需要摆动就可以将球射出。用脚尖完成踢球的各种技术大同小异,这一方法在全世界足球运动中广为流行。很多球星都使用过这种"杀手锏",尤其是巴西和意大利的一些主要的足球运动员。

图 45

练习示例

1. 踢球时不断变换脚背或脚尖触球的部位。

2. 在距离挡板 3 米远的位置,以原地定位方式向挡板踢球。球员的任务是感受脚与球接触的部位。原地踢定位球之后,还可以增加的训练方案:其他动作同上,但踢球时加一二步助跑。

3. 在距离挡板 6—8 米的距离借助短暂的助跑,把球踢向规定的目标。

4. 两人一组练习。球员之间的距离为 10—15 米,在两人的中心位置用立柱设置一个宽为 1.5—2 米的球门。球员轮流将球传给对方,用不同的方法用脚背射门,看看哪个队员失误更少。

5. 在挡板上画出一个直径为 1 米的圆圈,队员从不同的距离把球踢入圆圈内(或者球门上半部分)。可以踢定位球,也可以踢地滚球。该练习可以以比赛的形式在部分运动员或者两组之间进行。

6. 球员做运球后用脚背或脚尖的一部分将球踢进规定的目标内。

脚后跟踢球(图 46)。在室内足球中为了给对手造成措手不及,可采用脚后跟踢球。其技术如下:支撑脚站在球的侧面与球在同一条直线上(或者稍稍靠前)。踢球腿在球上方穿过,然后迅速用脚后跟猛踢球的中部,触球刹那腿部绷紧,脚尖微翘,脚掌几乎与地面平行。用脚后跟踢球也可以将球传给站在背后的队友。

图 46　　　　　　　　　　图 47

脚掌踢球(图 47)。这种踢球方法在室内足球中的使用频率大于脚后跟踢球。通常是在出其不意的情况下将球传给位于背后的队友时使用。

得球运动员的支撑脚站立在球的前方的位置,踢球腿的脚掌覆盖住球之后,借助于小腿的运动将球向前滚,开始脚掌与地面保持是平行状态,然后再把脚覆盖到球上,好似倾斜的屋顶。最后时刻踢球脚迅速向后一踢,用脚掌的前半部分把球传给背后的队员。

练习示例

1. 队员在背对挡板 1.5—2 米处站立,每个队员面前放一个球。队员向前走一步,随后用脚后跟把球踢向挡板,反复操练。

2. 场地的同水平线上放置 5—6 个球,每球间隔 3—4 米。队员助跑后轮流用脚后跟将球踢出去。刚开始助跑比较慢,逐渐加速。

其他方案:用脚后跟把球踢向场地的既定目标。

3. 两人一组练习。队员面对面站立,距离为 5—6 米。带球队员转身背对队友,用脚后跟带球并把球传给队友,队友接住球后按同样方式将球传回给对方。

4. 队员分为两人一组并排站立。带球运动员用较小的力量,低位向前传球,他的同伴猛向前一冲,追赶上足球并用脚后跟把球踢回传给队友,然后队员们交换位置,反复操练。

5. 球员轮流按直线带球,在直线的一侧用立柱搭建一个宽度为 1.5 米的球门。每个球员在到达指定标记处用脚后跟把球踢向球门。完成这个动作的要领是:球员站在球的稍稍靠前的地方,支撑腿膝关节弯曲,踢球腿向前伸,同时脚尖翻转到可以使脚后跟对着球的中心部位的角度。

弧旋球在室内足球中也会用到。弧旋球是球在围绕着自身轴旋转的同时弧线飞行。踢弧旋球的动作是用脚背的内侧和外侧来完成的。用脚背的内侧踢弧旋球(图 48)的动作与用脚背内侧踢球的方法相同。区别在于:用脚背内侧踢弧旋球时,脚接触的不是球的中间部位,而是离支撑腿较远的球的侧面部位。踢弧旋球的刹那间

图 48

脚似乎在球面滚动,这样的滚动可以使球产生旋转运动。球旋转的力量越大,旋转的弧线就越圆。如果使用脚背的外侧踢弧旋球(图 49),当踢球腿与球靠近,脚掌要向支撑腿的方向转动。因此,起初与球接触的部分是脚背靠近脚趾的部位,然后削球脚继续向支撑脚方向移动,而球沿着脚背的外部滚动,似乎在挣脱脚背的瞬间获得旋转的力量。

图 49

练习示例

1. 两人一组训练。每组一个球,两个人面对面站立,距离为 12—15 米,队员相互配合进行踢弧旋球练习。

2. 两个队员站在长度为 12—15 米的直线的两端,在直线的中间画一个直径是 1.5 米的圆圈,第三个队员站在圆圈范围内。站在直线两个端点的队员,互相用弧旋球传球,尽量让球绕过圆圈到达同伴那里。第三个队员的任务是在不超越圆圈的范围内,努力截获每一个飞绕他身边的球(图 50)。站在圆圈里的队员定时与其他队员交换角色练习。

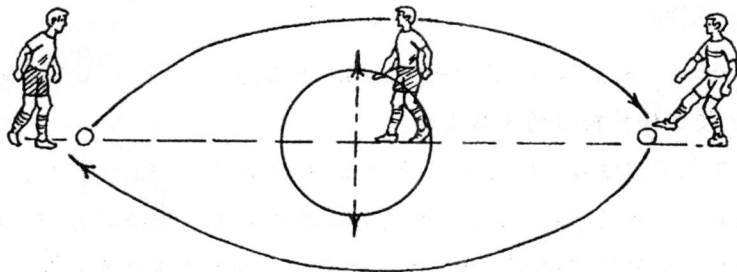

图 50

3. 两人一组练习。球员分别站在长为 10—12 米的直线的两端,在这条直线的正中间用立柱搭建一个宽度为 2 米的球门。队员轮流用弧旋球把球传给对方,传送过程中要使球绕过球门。队员每将球踢进球门一次则要扣罚一分。

4. 一个守门员和三个球员进行练习。三人中的一个站在离球门8—10米的位置,他的两名队友轮流用低位球传球给他,由他以弧旋球方式将球射入球门的其中一个角。射门队员不断轮换练习。

图 51

挑球可以认为是室内足球运动中标志性的技术之一(图 51)。它可以用于彼此距离为6—15米的队员之间传球,也可以用于射门。这也是一种非常有效的技术,它使对手措手不及,并且准确率很高。完成这个动作无需摆腿,踢球腿的膝关节要先弯曲,用脚面钩住球,运动员利用小腿的摆动将球挑向预定的方向。已经伸直的腿带着绷紧的脚尖继续向上运动。

练习示例

1. 两人一组练习。队员面对面站立,距离为5—6米。队员之间互相传球,要使球保持较低的线路飞行。

2. 两人一组练习。队员面对面站立,距离为7—8米。他们之间放置一个高为1.5米的立柱,队员们轮流用挑球技术将球传给对方,使球高过立柱飞行。练习过程中不断增加立柱的高度并加大队员之间的距离。

3. 在挡板1.5米高的地方画一个直径1米的圆。运动员在6米远的地方以挑球方式向圆圈内踢球,练习可以用比赛形式进行。逐渐增加队员射门的距离。

其他方案:可以由队员带球后再完成快速射门。

4. 在球门前6米的标记处放置一个高度为1.5米的立柱,球员轮流带球从侧面进攻,当球员与立柱呈水平时,球员以挑球方式将球以高抛物线传给位于对面侧翼行进中的球员,同时球应当越过立柱。

5. 守门员站在 6 米远的标记处。队员们轮流从中线位置向球门带球,在距离球门 10—12 米的地方用挑球方式射门,要使球越过守门员入球门。守门员不得离开所站立的区域。

现在来研究踢空中球的技术,这种踢法被认为是比赛中最复杂的技术。空中球的飞行速度比滚动球的速度要快,所以完成这个技术最主要的困难在于运动员需要准确判断自己与空中球接触的位置。同时,从技术动作结构上看,用脚背中间或内侧踢球或用脚背外侧(图 52)踢下落的球和低位飞行的球时,基本上与踢地滚球的技术相似,用脚内侧踢空中球时也具有这一特点。

图 52   图 53

在室内足球中同样也运用踢半空球(图 53)。当球从场地上弹起的一瞬间,用脚中间或者外侧来完成动作。当球接触到地面时,运动员迅速弯曲膝关节,并将支撑脚放在球旁边,踢球腿向后摆,对准球迅猛发力,小腿在击球的瞬间与大腿垂直,脚尖向下。

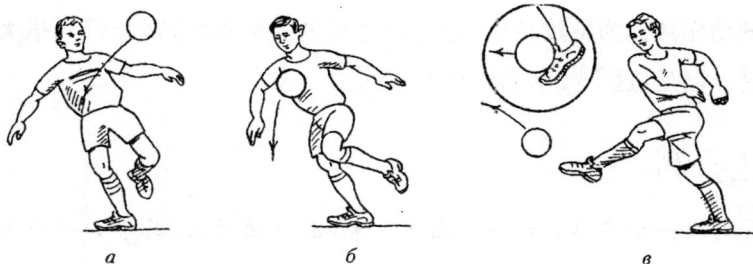

а   б   в

图 54

在室内足球中还用到很多踢空中球的其他技术,这些技术更加复杂,学生掌握时会更困难。例如,侧踢空中球时(图54),运动员腿的动作是非常复杂的。因为,运动员在进行击球时,身体要向其他方向偏移,同时还必须用一条腿来保持身体的平衡。完成这个技术动作的方法是:支撑腿向踢球方向伸展,身体向支撑腿方向偏移。随着身体的转动,踢球腿向上和腰部(相对地平面而言)摆动,角度要达到可以用脚背正面踢到球的中部。踢球时要努力使腿越过身体向前发力。如果击球动作正确,球便会准确地踢向目标。

图 55

踢空中球的技术最复杂,最漂亮的动作是倒钩踢球(图55)。倒钩踢球可使对手措手不及,但必须要有良好的运动协调性才可能处理这样的情况。完成这个技术动作的方法如下:运动员背对对方球门,当空中球飞达运动员头上时,他将上体向后倒,支撑腿膝关节弯曲,击球腿快速向上摆动,用脚背正面的最高点踢向球的中部。运动员先用双手触地,然后再用背着地,这是为了减缓摔倒的冲击力。在着地的时候应当尽量放松,并通过肩部的缓冲动作防止手腕受伤。在跳跃中完成此动作,场面十分优美,这样的动作被称为特技动作,它会使比赛更加精彩,给观众带来很大的视觉享受。但是,这个技术动作并不常见。

练习示例

1. 两人一组练习。两个人距离3米,面对面站立,其中的一个人在自己面前向上抛球,在球快要落到膝盖位置时,用脚内侧稍稍用力地踢空中球,另一个球员接球后用同样的方法反复进行练习。球员以这样的方式用脚背正面和脚背内侧练习踢空中球。

其他方案:踢悬挂的空中球,根据球的飞行方向队员分别踢球。

2. 队员距离挡板6—7米站立,他们向自己的前方掷球,在球降落的时候用各种方式踢空中球。

3. 两人一组练习。其中甲队员以抛物线向乙队员抛球,乙队员用脚内侧踢空中球传给甲队员。配合双方应该定时交换位置。

4. 三人一组练习。每人相距6—8米形成三角形。其中的一名队员以抛物线传球给站在右侧的同伴,后者用脚内侧踢(踢球的中部或中部稍稍向上的部位)空中球给第三个球员,要使球落在场地上(图56)。第三个球员接球后,将球低位踢给第一个球员。队员要定时互换角色。

图56

5. 两人一组练习。两个人距离12—15米面对面站立。其中甲球员给自己掷球,用各种方式踢空中球给乙球员,乙球员得球后,以同样的方式将球踢给甲球员。

其他方案:运动员踢空中球给同伴,后者等球落地弹起后踢空中球回传,反复进行练习。

6. 三人一组练习。两个人距离12—15米面对面站立,这两个队员之间站着第三名队员。两人互相踢空中球(球触地后踢球),尽量让球越过第三名队员。踢球队员与第三个队员定时互换,反复练习。

7. 一名队员站在距球门7—8米的地方,同伴从球门内向他掷球,这名队员用脚背内侧踢空中球,要将球踢到球门内规定的位置。然后用同样的方法用脚背正面和脚背外侧踢空中球,也要将球踢到球门内规定的位置。

8. 在距离挡板或球门4—5米的位置,放置一个与队员大腿齐高的木桩。开始队员先模仿踢空中球,在木桩的上方做腿部的摆动动作。然后,把球放在木桩上,队员开始踢空中球(图57)。也可以用悬挂相同高度的球来代替木桩。

图 57

9. 队员站在距挡板5—6米的位置将球掷出,并使之在侧面落下,运动员从侧面向挡板踢空中球,要把球踢到挡板上画的位置内。

10. 两人一组练习。其中的一个人仰面躺在垫子上,同伴站在他的头部后面,向躺着的队员掷球,躺着的队员踢同伴传过来的球(图58)。两人定时互换位置。

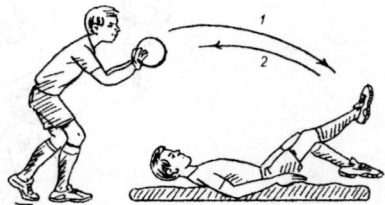

图 58

11. 在一名队员的头部上方悬挂一个球。队员用倒钩完成踢球动作,同时身体要落到垫子上(图59)。训练过程中队员身下的垫子要逐渐减少。

图 59

12. 两人一组练习。将三四个垫子摞在一起放在甲队员的身后。乙队员站在甲队员的前方 2 米处用抛物线线路将球传给甲队员。当球在甲队员头部上方落下之际,甲队员倒钩踢球,同时身体要落在垫子上。垫子的数量逐渐减少。两人定时互换位置。

其他方案:同样,球要抛 5—6 米,从两侧抛球。

13. 两人一组练习。其中,甲队员站在距离球门 6 米的标记上(背对球门),乙队员站在距离球门 12—15 米的地方(面对甲队员)并快速踢球将球呈圆弧轨迹传给甲队员,甲队员倒钩射门。两人定时互换位置。

头球是五人制足球不可缺少的一部分,尽管与用脚踢球相比,头球技术在比赛中相对使用较少。但是,据目前统计证明,头球在比赛中的比例上升很快,新规则规定,守门员可以将球扔到中场线以外的地方,这样,运动员使用头球技术就有所增加。

对于刚开始学习头球技术的足球运动员来说,建议使用悬挂球练习,应该使球员注意到,完成头球的关键在于让球按照需要的方向和力量行进,而不仅仅用头顶到球。无论是在站姿中、跃起时还是发力前冲时,都要用前额、头侧面等部位来完成头顶球。

图 60

在站姿情况下头顶球时(图 60),两腿与肩同宽站立或者一条腿向前迈。在顶球之前运动员上体向后仰,腿的膝关节和踝关节弯曲,背部肌肉控制用力。然后迅速收腹,身体快速前倾,紧接着用头迅速做出类似于点头的动作,这个动作就是头球(用前额顶球的中部)。在这个过程中运动员要控制球的飞行路线。

前额头顶球的力度取决于顶球的瞬间,上体摆动的幅度和颈部与背部肌肉紧张程度,这个动作不仅可以让球向前行进,同时也可以向其他方向行进。头顶球一刹那,运动员身体前进方向与球飞行的方向一致(图 61)。

图 61

跳起头顶球(图 62)。这个动作由
单腿或双腿起跳完成,可以原地起跳,
也可以助跑起跳。在顶球前,球员的
身体和头部后仰,顶球时上体略微前
倾,跳跃达到最高点时头部迅速顶球,
顶球时身体和头部面对球。顶球后运
动员的眼睛继续观察球的行进路线,
在运动员脚尖落地的同时,膝关节略
微弯曲以缓冲重力。这个动作的效果

图 62

取决于运动员击球时自身动作的协调能力。

　　头侧面顶球可以在站立状态下,也可以是在跳跃中完成。在站立状态
下用头侧面顶球时,运动员将离球较远的脚放到一侧,膝关节弯曲并将身
体重心转移到这只脚上,运动员把头转向接近球的方向。顶球瞬间开始于
运动员的双腿、身体和颈部都向触球方向伸直,而顶球结束时,身体向球飞
行方向倾斜,身体重心向前面脚转移。运动员在跳跃中用头侧部顶球时,
首先要蹬离地面,身体向顶球方向相反的方向侧偏,当跳跃达到最高点时,
利用身体和头部伸直的力量完成顶球的动作。

　　头后部顶球在室内足球运动中出现的条件是:球以略高于球员的位置
飞过来(或者向球员头部落下来),球员不可能做任何调整或者不能把球传
给前面的同伴时可使用头后部顶球。用头后部顶球可以传球给站在后面
的队友或者把球传到比赛场地最安全的地方。完成这个动作时身体和头

要稍微前倾，然后身体向后倾并高高跃起，头部向后点一下，将球传向身后。这个动作与跳跃中顶球动作相类似（图63）。

图63

头球中最复杂的是鱼跃头顶球，这个击球技术的完成不同于其他头部顶球的动作。鱼跃头顶球在下列情况下使用：当球的位置偏低行进到运动员面前时（通常低于腰部的高度），并且是在其他任何的技术动作都不可能触球的前提下。为了触到这样的球，运动员可以单腿蹬离地面（从助跑开始），或者两脚蹬离地面（原地不动），与此同时，运动员向前鱼跃顶球。这种情况，运动员需要在半空中与地面平行的飞行中完成顶球（图64）。在俯冲时，运动员的肘关节弯曲，眼睛紧盯球的运行方向，借助运动员俯冲的速度和力量，用前额顶球的中部。运动员在触球瞬间，头部的旋转可以在最后时刻改变

图64

球的方向。当然运动员也可以选择用头的侧面来顶球，如果是这种情况，球好像被削了一下，它的飞行轨迹很难把握。无论怎样，运动员在完成顶球之后，胳膊应该稍稍弯曲再着地，以起到缓冲的作用，然后是胸部、腹部和大腿相继着地，这个动作也可以算作是室内足球的特技动作。利用鱼跃头顶球，运动员可以将球送进对方球门，或者化解威胁到自己球门的危险。运动员这样的技术动作往往可以赢得雷鸣般掌声，也为比赛增光添彩。

练习示例

1. 运动员带球站在距离挡板2—3米的地方，向自己的上方抛球，上体

和头部向后引，后背和颈部肌肉绷紧，然后收腹，上体和头迅速摆动，用前额顶球的中部。顶球之前膝关节弯曲，在顶球同时双腿伸直，球从挡板上弹回来以后，运动员得球再重复以上动作。

其他方案：动作同上，但可以将球悬挂在与前额同等高度的位置上，然后用前额完成顶球（图65）。

图65

2. 两人一组练习。甲球员坐着面向乙球员，乙球员手拿球站在相距2—3米的地方轻轻把球抛给甲球员，要保证球降落到对方头部的前方。甲球员在球接近自己时，先要将身体和头向后倾，然后利用上体和头部的迅速摆动顶球（图66）。甲乙双方要定时交换位置。

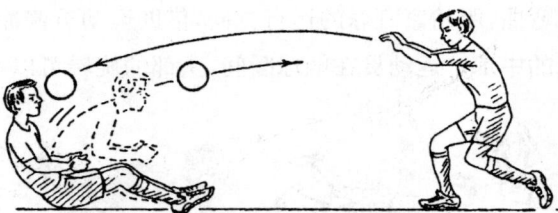

图66

其他方案：基本同上，但是顶球运动员以跪坐姿完成顶球。在这种练习中，运动员不能利用腿的力量来完成顶球动作，而是充分利用上体的肌肉力量帮助顶球。

3. 队员自己拿球站在距离挡板1.5—2米的地方向上掷球并用前额向挡板顶球。

4. 队员拿球向自己的上空抛球，利用身体和头部的迅速向上、向前的摆动顶球，每次连续顶球两次。然后再重复上述动作，反复练习。弯曲的膝关节在顶球后伸直。

5. 教练伸直一只手臂持球（球的位置在他面前队员的头部上方）。队员双腿同时蹬离地面，连续跳跃几次，试图用头顶到球。

6. 教练伸直一只手臂持球。运动员排成一列纵队，一个接一个助跑，并在跳跃中用头顶球,队员要争取将球从教练手中"顶"下来(图67)。

7. 两人一组练习。其中的一个球员在4—5米外的地方向自己的同伴抛球,同伴要在跳过实心球的同时用头顶球(图68)。两个人定时互换位置。

图67

8. 原地跳跃用头顶悬挂的球(图69)。根据掌握这个动作的情况,再转为从助跑开始的跳跃顶球,助跑距离为2—3步(图70)。

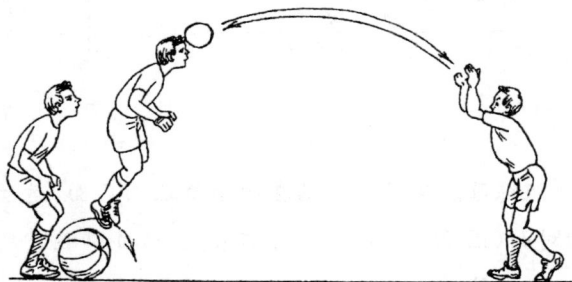

图68

图69

图70

9. 在站成一列纵队的运动员面前悬一根绷紧的绳子或挂一根横杆,高度与球员的头部相当(图71)。教练员持球站在绳子或横杆的另一侧向球员掷球,纵队首位运动员助跑后跳跃将球顶给教练员。第一位运动员击球完毕后,迅速回到队尾,教练员继续给下一个球员掷球,反复操练。

图71

10. 三人一组练习。运动员甲站在运动员乙的后面,运动员丙持球站在运动员乙的对面(图72)。运动员丙掷球,运动员甲跳跃用前额把球顶回,反复练习。运动员乙刚开始为消极的运动,按照动作技术的掌握情况,运动员乙跳起力图阻碍运动员甲顶球,以增加运动员甲顶球的难度。运动员定时互换位置练习。

图72

11. 两人一组练习。其中的一个球员俯卧,脸朝向另一个球员,另一个球员以圆弧轨迹向俯卧的球员抛球。俯卧的球员迅速起身并在跳跃中将球顶回给抛球的球员(图73)。两人定时互换位置练习。

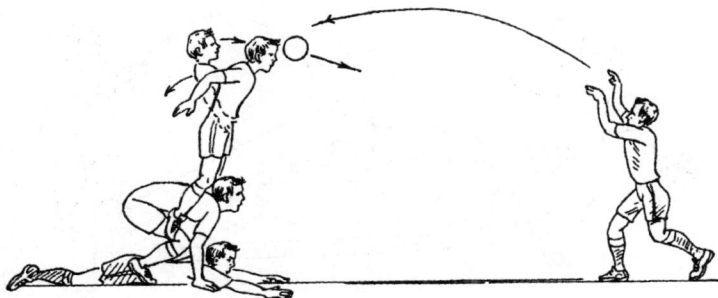

图 73

12.在站成纵队的运动员前面设置一个栏架,在栏架前站着一名持球运动员,他要以抛物线轨迹将球抛给纵队首位队员,该队员助跑跨过栏架,并把球顶回去(图74)。完成顶球任务后,该队员跑到纵队尾部,然后掷球的人向纵队第二位运动员抛球,反复训练。

图 74

13.运动员进行鱼跃头顶球技术练习。球员跪姿,双手为支撑点,按照教练员的指令模仿鱼跃并完成顶球动作,身体要落在面前的垫子上。球员要特别注意,为了缓冲要用两只手先着地。

14.两人一组练习。其中的第一个人跪着并用双手支撑地面,他的同伴站在对面3—3.5米处向他抛球,他向前鱼跃头顶球,并且身体要落在垫子上。两个人定时互换位置练习。

其他方案:动作同上,但是由第三名运动员助跑2—3步之后,鱼跃过跪着的队员后俯冲顶球(图75)。

图 75

15. 球悬挂在约1米的高度处,.球员们轮流完成鱼跃顶球,(图76)。

图 76

其他方案:动作相同,但球由配合者抛出,抛球者要站在击球者的前面或者侧面。

16. 球员们在罚球区线外排成纵队,纵队首位队员站在罚球线上。教练员站在球门外,开始抛球,球要落在纵队中首位球员前面3—4米处,球员助跑2—3步,鱼跃头顶球射门。

停(接)球。在室内足球运动中停球动作是通过身体某一部位的缓冲动作或某部分肌肉组织充分放松完成的,同样也可以用脚部、腹部、胸部、头部来完成。

由于比赛的强度大,运动员快速运动是室内足球运动的特点,因此运动员在停(接)球时不能让球完全停止。一般情况下,比赛时队员被迫立刻把球传到另外一个合适的位置以保证比赛的继续。传球的方向一般不确定,有时甚至可能向后传。

停(接)球技术的学习可以从练习接地滚球动作开始(用脚内侧和脚底来接球),如果是空中球可用脚内侧、脚背、胸、头接球。这些学习完毕以后,建议转向在移动中和跳跃中用身体的各个部位做接球动作的学习。值得一提的是,学生掌握了所有的接球和踢、顶球的技术后,就可以继续学习室内足球的其他相关技巧了。

脚内侧接地滚球技术在室内足球中经常使用,因为它具有接球平稳的特点,同时可靠性高且动作简单(图 77)。球员脚内侧接球后立刻准备继续向其他方向带球或者将球传给自己的伙伴,这个技术动作的要领如下:当球接近队员时,他应当把身体的重心转移到弯曲着的支撑腿上,脚尖方向对着球过来的方向。接球腿伸出迎球,接球脚外转 90 度与支撑脚成直角。脚内侧与球相接触的瞬间,接球腿轻轻地向后移动(到支撑脚的位置)。这样一来,地滚球的速度减慢。这也是接低空球时最常用的技术(图78)。

图 77

图 78

现在我们来研究用脚内侧把地滚球转移到背后的动作(图 79)。完成接球后的腿在回缩的瞬间,运动员的支撑腿的脚尖旋转 180 度,把球带到两脚之间(向背后方向),身体在球的上方俯身,使球完全处在控制之中,然后再开始用右脚或者左脚运球。

图 79

脚内侧接下落的球（图 80）。这种技术按照以下要领完成：支撑腿站在球预定落点的侧前方，接球腿向后摆动，保证不影响球的降落。运动员的脚尖向外旋转，脚跟低悬于地面上，在球着地的瞬间脚内侧轻轻地将球覆盖。

脚内侧接同大腿高度的空中球（图 81）。这种技术与接地滚球动作特点有很多相似之处。支撑腿的膝关节微微弯曲，并向上向前抬，以保证脚内侧可以触到球。同时，接球腿稍微向后移动，以减慢空中球的飞行速度。这种方法可以处理降落高度在运动员大腿附近、运动员腹部或者平行于胸部高度的球（图 82）。更高位置的球也可以在跳跃中用脚内侧接球。在这种情况下，球在空中的减速是由放松的接球腿接球后，向后撤的动作完成的，接球时腿的髋关节和膝关节要弯曲。运动员应该单腿落地，同时要将球控制在自己脚下。

图 80　　　　　　　　图 81　　　　　　　　图 82

脚掌接地滚球是室内足球中最为常见的动作。这种接球动作的特点是队员接球后可以立刻接着做下一个动作：向前推进、作假动作、为踢球做及时的调整等等。在球朝向球员滚动的情况下，球员可以使用脚掌接球法。这时接球腿膝关节弯曲，正对着球的方向出脚，脚尖勾翘，脚跟下压好像在球的上方形成斜屋顶，支撑脚尖与球的方向一致，脚掌与球（依靠膝关节弯曲）接触瞬间运动员上体前倾，腿稍稍向后拉引，同时将球紧向地面下压（图 83）。

脚底接降落球的动作与脚内侧处理球相似。球员的支撑腿站在球可能降落的位置稍后的地方，接球腿膝关节弯曲并向前伸，在球一接触到地面的瞬间，运动员立刻稍稍伸直腿并用脚掌盖住球，同时运动员逐渐放松接球的腿(图84)。

也可以用脚背正面完成降落球的接球(图85)。接球时,球员的支撑腿膝关节弯曲,接球腿向前方抬起,膝关节保持弯曲状态。同时,运动员身体后倾,接球脚面向下绷,降落球与脚背正面(或者脚尖)相接触,此时接球脚迅速并柔和地向下运动以减慢飞行中球的速度。

图83　　　　　　　图84　　　　　　　图85

脚外侧接降落至运动员体侧球的动作(图·86)。这种方法适用于球员接球后要立即摆脱对方球员的情况。动作技术如下:支撑腿膝关节弯曲,而接球腿向侧前方伸,与支撑腿成十字角度,脚尖向上翘起并向外翻转。球一接触到地面,队员就用脚外侧盖住球,同时要放松踝关节。然后,上体向球的方向倾斜,这样运动员可以轻松地摆脱他面对的对方球员。同样也可以用在接滚到运动员身体侧旁的地滚球,或者落在队员的身后或侧面稍远的空中球(图87)。球员瞬间作出这个动作,会给对方队员构成出其不意的威胁。

图86　　　　　　　　　　　　图87

练习示例

1. 运动员站在距离挡板 3—4 米的位置，用脚内侧踢地滚球，要使球触到挡板后弹回。运动员用脚内侧停球后再次向挡板踢球。

2. 队员两人一组，相距 5—6 米相对站立，两人轮流互相踢低位球，用脚内侧练习传球和停球。

3. 球员站立成一个直径为 10—12 米的圆圈，教练员站在圆圈中心的位置，轮流向球员踢低位球，球员们停球后用脚内侧将球踢回。

4. 队员两人一组，相距 7—8 米相对站立，一边移动，一边用脚内侧做低位传球和停球练习。

5. 队员给自己掷球，球抛在接球腿一侧与肩平行的高度。球落地反弹后，队员用左脚或右脚内侧去停住球。

6. 两人练习。双方距离 6—7 米相对站立，两人轮流互相抛球，然后用脚内侧接反弹球。

其他方案：动作相同，但接球后向其他方向运球。

7. 两人练习。双方距离 6—8 米相对站立，其中的一个球员向同伴的左侧抛球。同伴接反弹球时用左脚内侧停住球（图 88），然后向右带球，再用右脚内侧把球踢回给同伴。这个动作结束后，抛球队员再向同伴的右侧抛球，开始上述练习。两人定时互换位置。

图 88

8. 两人练习。甲球员向乙球员侧面抛球，乙球员向球猛冲同时用脚内侧停住反弹球，转身面向甲球员并将球传给甲球员，反复练习。两人定时互换位置。

其他方案:甲球员将球抛在距离乙球员3—4米的地方,乙球员猛冲接球,然后用脚内侧将球踢回给甲球员。

9. 球悬挂在支柱或篮板上,距离地面大约40厘米。队员晃动悬挂的球,使之摆动起来,当球向队员一侧摆动的时候,队员上前一步用脚内侧接球。球与地面的距离要逐渐降低(10厘米以下)。

10. 队员向自己上方抛球,然后用脚内侧接降落球。

11. 队员站在距离挡板3—4米的位置,用脚内侧踢低位球,球从挡板上弹回时,队员用脚掌停球。

12. 两人一组练习。双方距离6米相对站立,互相用脚内侧踢低位球,用脚掌接球。

13. 队员围成一个直径为10—12米的圆圈,教练员站在圆圈的中心位置轮流向球员踢低位球,球员用脚掌接球,然后用脚内侧把球踢回给教练员。

14. 两人一组练习。双方距离7—8米相对站立,轮流用脚内侧向对方用力踢低位球,对方用脚掌接球。

15. 队员向自己前方抛球,当球落地并反弹时,队员用脚掌盖住球,左脚和右脚交替练习。

16. 两人一组练习。两人轮流互相抛球,用脚掌接住反弹球。

其他方案:其他动作相同,接球后向其他方向带球。

17. 两人一组练习。两人距离10—12米相对站立,轮流挑球,要让球降落在距离同伴3—4米的位置,后者快速冲刺用脚掌接球。

18. 两人练习。甲球员坐在地上,乙球员持球站在距离甲球员7—8米的位置。乙球员把球抛向坐着的甲球员,当球还在空中时,甲球员立刻站起来,用脚掌接反弹球,然后踢低位球给乙球员。完成这个动作之后两人回复原始状态重新练习。两人定时交换位置。

19. 球悬挂在支柱或篮板上,距离地面大约35—40厘米。人为摆动悬挂的球,球向自己摆动时,即刻向前一步,尽量用脚背正面接球。

20. 队员向自己上方抛球,用脚背正面接降落的球。要注意的是,队员接球时,要膝关节弯曲,脚背绷直向下(图89)。刚开始时,球不要抛得过高。根据掌握动作的熟练程度,不断加大抛球的高度,直到最大。

图 89

21. 两人一组练习。两人轮流抛弧线球,用脚背正面接球,两人之间的距离8—10米。

22. 两人一组练习。两人相距10—12米相对而立,其中一个人抛弧线球,同伴用脚背正面接球后再用脚背正面把球踢回,这样反复进行。用右脚停球后,队员用左脚完成传球,然后换脚训练。两个人定时互换位置。

其他方案:将球抛到对方前面3—4米处,后者快速迎球跑,用脚背正面接球后向前带球。

23. 队员用脚背正面触球。向上抛球后,再用脚背正面接球。

24. 队员向自己的左侧(右侧)抛球,在球触到地面时,用脚外侧停住球。右腿或左腿轮流完成动作。

图 90

25. 两人一组练习。其中的一个人向同伴左侧抛球,同伴用右脚外侧停球,然后把球踢回,反复进行。随后向同伴右侧抛球,同伴用左脚完成上述动作(图90)。两个人定时互换位置。

26. 队员坐着给自己抛球,同时迅速站起,在球落地的瞬间用右脚或者左脚外侧接球(图91)。

图 91

其他方案:转身完成接球,再运球。

27. 两人一组练习。其中一个抛球,球要抛在离同伴足够远的地方落地。同伴快速奔向球,转身面对抛球队员停球,然后用停球的脚把球踢回,之后踢球者回复原位(图92)。

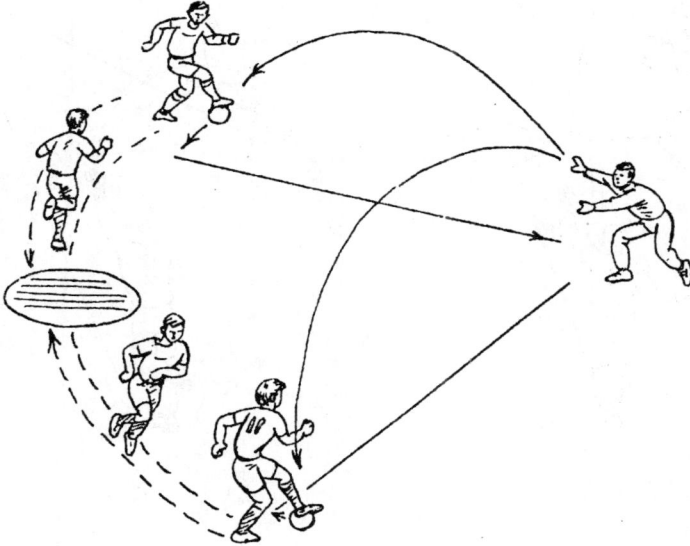

图 92

其他方案:动作相同,但球被抛在运动员左边,由运动员转身用左脚停球。

28. 两人一组练习。两人相互传低位球,球要落在距离对方支撑腿远一些的位置上。接球一方用脚外侧盖住球,接球脚向前移,与支撑腿形成十字形。左右腿交替完成接球动作。

29. 队员三人一组。三个人要排成一条直线,球员 A 把球抛向站在中间的运动员 Ц 的右侧(图93),运动员 Ц 迅速跑向球,然后左转身并用左脚接球。这个动作结束后,他把球传给运动员 Б,运动员 Б 同样向运动员 Ц 抛球,球要落在运动员 Ц 的右侧,以下与上述动作相同。定时互换球员 A、Б、Ц 的位置。

其他方案:用同样方法将球抛向运动员 Ц 的右侧,让运动员 Ц 向右转身,用右脚接球(图94)。

图 93

图 94

胸部接空中球。这是非常有效的接球技术,在室内足球中经常会采用这种接球方式。无论是空中球在什么高度,还是以什么速度在飞行,其接球的技术,原则上基本相同,只是在接球的细节上存在差别。

运动员准备用胸部接球时(图 95),两腿分开与肩同宽,胸部前挺,手向下低垂,臂肘

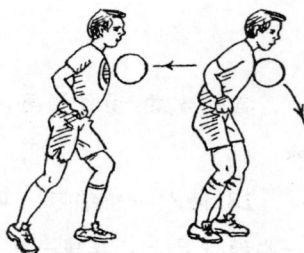

图 95

弯曲。球接近运动员时,运动员上体向后,肩及手臂向前,上体稍稍移动后倾,这样不仅可以接住球,同时还能够将球迅速带向其他方向(图 96)。

胸部接降落球这个技术动作依靠身体的缓冲来完成。在完成这一动作时,身体重心转移到后面的那条腿上。这样的球也可以用跳跃接球方法。球接近运动员时,运动员单腿或双腿向上发力跃起,触球动作发生在运动员跳跃起达到的最高点位置上,同时也是球运动下落的瞬间——到运动员落地之前的瞬间。室内足球要求运动员能够在跑动中挺胸接球,这个

84

图 96

技术动作的关键在于触球瞬间运动员要及时做出含胸缓冲球速的动作。

练习示例

1. 两人一组练习。球员之间距离为 4—5 米。他们轮流向对方胸部抛球,接球方利用胸部的弹性作用和身体略微的前倾停球。

2. 训练动作同上。但是不断变化抛球的方向。

3. 两人一组练习。球员距离 10 米面对面站立,轮流向对方抛球,要让对方迎向飞行中的球,并用胸部将球停下。

4. 两人一组练习。队员在场地上无规则的助跑,同时轮流向对方胸部抛球,对方在行进中接球,接球后队员要将球平稳地落在自己的脚上,然后将球捡起,向行进中的同伴抛球。

5. 两人一组练习。队员在场地上跑动,两人相距 8—12 米距离,轮流用胸部停球,同时将半空球传给对方。

6. 两人一组练习。要求队员用胸部接球,同时身体向左或向右转动 45 度,按照球飞行方向带球。

7. 两人一组练习。球员轮流用力向对方抛球,要使球触地弹起刚好对着自己的同伴。同伴利用胸部的弹性

图 97

和身体的后仰缓冲停球(图 97)。接球时,手臂必须离开身体。

其他方案：动作如上，但是要跃起用胸部接球，并将球带离到另一边（图98）。

图 98

用头接空中球，这种方法的运用相对困难，只有在特殊场合下发挥作用。用头接降落的球时（图99），运动员尽力地将腿分开，身体的重心落在腿部关节弯曲处，同时身体和头部向后倾。最好用前额触球，这样才能保证球平缓地在运动员面前降落。

用头接正面飞来的球。球员面对来球的方向，双腿稍稍分开，身体重心前移到脚掌上，身体和头

图 99

部前倾。在前额与球中间部分接触瞬间，球员的腿部迅速弯曲，身体和头部向后并向下移动，身体重心移到后腿上。接球的瞬间球员将球传向其他方向，同时要将身体和头部转向所需的方向。

练习示例

1. 运动员给自己抛球，同时膝盖弯曲，身体及头部向后倾斜，用头将球停住。

2. 两人一组练习。甲球员按抛物线轨迹将球抛向乙球员，乙球员用头部停球，并让球落到自己脚上。然后，乙球员再将球按照上述方法抛给甲球员。

3. 两人一组练习。甲球员将球抛向乙球员，乙球员头部接球后，让球

落到自己脚上并用脚掌停球后,再用这只脚把球踢给甲球员。定时轮换角色进行练习。

大腿接降落球(图100)。队员身体肌肉要放松,支撑腿的膝盖稍微弯曲,重心落在脚掌上,接球的腿在膝盖处弯曲并向上抬起。在球与腿部碰触瞬间,腿向后下方移动,从而减缓球的速度。在比赛中,这种接球方式多用于接曲线球、反弹球。根据球运行轨迹的不同,在触球时大腿弯曲程度也发生改变。

腹部接球主要用于反弹球。当球直接面对运动员触地弹起后,接球运动员用身体上半部分盖住球,腹部肌肉绷紧,手臂向外摆。(图101)

图 100   图 101

小腿接球(图102)。足球比赛中经常出现的情况,当球落到队员脚下

图 102

时,球员的支撑腿膝盖弯曲,小腿轻轻抬起抑制球的回弹。运动员在行进中用小腿接球时,腿要随着球的反弹做相应摆动,这样可使运动员在不减慢速度的情况下接球。小腿停球时,运动员双腿合并,然后双膝弯曲,脚后跟微微抬起,同时身体向前倾斜。

练习示例

1. 运动员向前上方抛球,跟着球运动并用大腿接球,然后继续带球向前运动。

2. 两人一组练习。两人轮流向对方抛球,球员用大腿接球,然后再用脚将球回传给同伴。

3. 两人一组练习。双方轮流向对方大力传弧线球,对方用大腿接球后再用脚背将球回传给同伴。

4. 两人一组练习。其他动作同上,但是球员用大腿接球后,凌空将球踢回给同伴。

5. 两人一组练习。队员轮流大力为对方送高球,要使球在距离对方4—5米处落下,接球者迎着球用大腿接球,并将球带往传球队员处,传球队员要跑到接球队员的位置上。

6. 两人一组练习。甲队员将球从上向下大力的抛出,使球由地面上跳到对方的前面,乙球员迎球而上,同时用膝关节弯曲成直角的大腿接球。

7. 两人一组练习。球员相对站立,轮流向对方抛球,要使球落在对方的面前。接球者尽量用腹部触球,接球的瞬间腹部内吸,肌肉紧绷,手臂向外摆。

8. 两人一组练习。两人相对站立,距离4—5米。队员甲将球抛给队员乙,使球在正对球员乙的位置着地,乙球员用小腿将反弹球盖住,同时要弯曲支撑腿。这一动作完成后,乙球员以同样的方式将球抛给甲球员。

带球(运球)。这一技术动作在室内足球比赛中经常用到。运动员带球是为了突破防守,寻找更佳位置传球或者射门。在遭到对方严密防守的情况下,借助运球可保证不丢球,为寻找合适的战机创造条件。

在室内足球比赛中,运球是通过两只脚来实现的,因此将运球分为如下几种方式:脚背外侧运球(图103)、脚背内侧运球(图104)、脚掌内侧运球(图105)、脚背正面运球(图106)、脚尖运球(图107)、脚掌运球(图108)。除了用脚掌运球外,在其他情况下,运球都是用脚部的某一个部分在球的下半部分进行的一系列踢、推动作的组合,从而使球产生旋转动力。

在室内足球中,常用脚背外侧及脚掌运球。用脚背外侧运球既适用于运动员带球保持直线推进,又可以在对手紧逼围攻的情况下,被迫沿着弧线前进或者改变行进方向。

用脚掌运球是利用脚掌轻轻滚动球来完成的,这是一种最可靠的保护球的方式。同时,使运动员很轻松地改变行进方向,并沿弧线朝任何方向移动球。

图 103

图 104

图 105

图 106

图 107

图 108

脚掌控球出现在足球比赛的特定条件下,例如,在受空间场地的限制、带球队员面临对方严密防守的情况下,只有用脚掌控球才是最积极稳妥的应对方式。在专门封闭的场地上用脚掌运球对运动员而言是非常重要的。

在运球时,脚的不同部位都可触球,要保证球在距离球员周围 30—40 厘米之内滚动。当运动员把球带到无人防守的比较宽阔的地方时,才可以将球放得离自己远一些。

运球时,运动员保持上身前倾,用这样的方法也可以阻挡对手靠近球。运球时,运动员不仅要盯住自己脚下的球,还要注意观察同伴及对手在场上的运动变化,要根据场上的变化做相应的调整。如果运动员能够熟练地用双脚的所有部位运球,那么他就可以轻松地控制住球的速度和方向,可以有效地突破对方防守,寻找机会将球带到安全地带或者准确传给同伴,甚至可以完成射门。总之,掌握运球技术是运动员在室内足球比赛中必备的最重要的技术之一。

练习示例

1. 运动员沿直线慢速运球,每一步尽量用脚背内侧带球。转弯后,改为尽量用脚背外侧运球。

2. 运动员轮换用左、右脚脚背的内侧,沿直线慢速运球。

3. 运动员沿直径为 1—2 米的圆圈练习带球,顺时针前进时用右脚的脚背外侧带球(图 109)或用左脚脚背内侧带球。相反,按逆时针带球时,用左脚脚背外侧或用右脚脚背内侧带球。

图 109

其他方案:①带球时沿着地上标记的波浪线前进(图 110)。②其他动作如上,但是运球时沿着直径为 1—1.5 米的圆圈向前推进(图 111)。

图 110

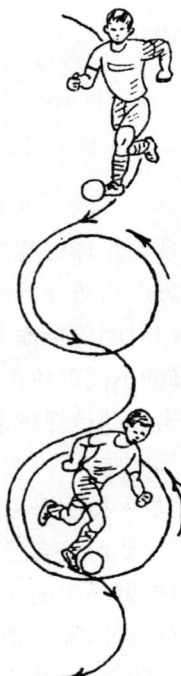

图 111

4. 画一个直径为 6—7 米的圆圈,在圆圈内再画一个比外圆直径小 1 米的圆圈。两个圆圈之间的地带为运球范围。运动员做顺时针运球时,用右脚脚背外侧带球,逆时针运球时,用左脚脚背外侧带球。

5. 运动员轮流绕两根立柱沿 8 字型带球,两个立柱相距为 3 米。顺时针绕第一个柱子时,用右脚脚背外侧带球,达到 8 字的交界点时,变换带球的脚。然后,用左脚脚背外侧带球绕着第二个柱子逆时针方向运球(图 112)。

其他方案:在 8 字交界点,带球的脚不变,但是运动员在绕第 2 个柱子时用右脚脚背内侧运球。

图 112

6. 运动员在不变换运球的脚的情况下沿着曲线带球。每次触球时都要改变运球的方向,向右边带球时用脚背外侧触球,向左边带球时用脚背内侧触球(图 113)。

7. 运动员在带球过程中不断换脚,沿曲线前进。先用左脚内侧向右带球,然后转为用右脚内侧向左带球(图 114)。

8. 运动员完成下列练习项目:用右脚脚背外侧向右带球,向右方大跨一步后,改为用左脚脚内侧向右带球。然后改变运球

图 113

的方向,用左脚脚背外侧向左带球,向左大跨一步后,改为右脚脚内侧带球(图115),反复练习。

图 114 图 115

9. 球员以各种不同的方式沿着立柱练习带球。共有6—8个立柱,两个立柱之间的距离为2米,立柱排成直线。为了加大训练的难度,在操场上画出50—70厘米宽的运球道。小桩子可以沿直线排列,也可沿曲线排列。运动员要在每一个立柱旁绕行一圈(图116)。随着这种运球技术训练水平的提高,可以用接力赛形式进行训练。

图 116

10. 学习用脚掌带球的技能。球员在原地站立,用脚掌向前推球,然后再向后推球,就像在操场上画菊花瓣一样(图117)。这种训练可以两只脚轮换进行。

11. 练习直线运球。用脚掌将球停住,支撑腿向后轻轻跳2—3步(用脚掌控制球),然后,继续向前带球。

12. 运动员用右脚脚背正面沿直线带球5—6米,用脚掌停球。然后,用脚掌向后带球,向右转体90度,用脚掌

图 117

盖住球,继续带球(图118)。

其他方案:动作如上,只是换用左脚运球。

图 118

13. 运动员沿操场罚球边界线用脚掌带球,向左用右脚,向右用左脚。

其他方案:沿着直径2—3米的圆圈带球。

14. 运动员沿着直径为1—1.5米的圆圈带球,用多种方式练习运球(图119)。

图 119

假动作。足球比赛中运动员经常会使用假动作,使用这种技术的目的是为了保护球、战胜对手、摆脱对手的围攻。假动作是可以通过身体或双脚来实现的。

假动作由两个部分组成:第一部分是假动作;第二部分是真动作。真动作紧跟假动作之后,在对手被假动作迷惑的时候立即开始真动作。假动作要做得相对较慢，以便对手一目了然，而真实动作一定要做得快，使对手来不及反应。

在五人制足球运动中经常用到带球的各种假动作，接球、传球以及组合假动作。对于初学者而言，重要一点在于学会故作自然状态下完成假动作，越自然越能够欺骗迷惑对方防守队员。假动作的训练可以从无球条件下的一系列训练开始：

1. 慢跑之后，向右（向左）突然起动或在行进中完成这些动作。

2. 快跑后突然急停，然后向右（向左）突然起动。

3. 沿着操场跑，并不断改变运动方向。

4. 在立柱中间蛇行跑。

5. 向前跳跃，然后向旁边一闪身、再跳跃，如此反复。

6. 加速后，突然停下并利用身体完成预想的假动作。

7. 正方形线路跑。在操场上画出一个边长4米的正方形，里面有6—8名运动员。信号一响，运动员在正方形内运动，努力不碰到对方。大约20—30秒后休息，然后重新训练。

8. 绕着柱子玩"老鹰捉小鸡"的游戏，两人一组练习。在直径为2米的圆圈中心放一个柱子，其中一名运动员借助假动作躲开同伴，不准越出圆圈。两个人定时换角色训练。

9. 移动式的"沾人游戏"。

运动员熟练以上训练技术后可以开始带球练习假动作。

练习示例

1. 运动员将球向前抛到5—7米处，跳跃追球，带球向右（向左）转。前进5—6米，转体180度停球，再次抛高球，跳跃控球向前带球。

2. 运动员将球向前抛到5—7米处，朝球的方向做跳跃动作，与球一起向左或右落下，然后再将球向前抛5—7米，重复上面的练习。

3. 一组运动员在场地有限范围内移动（每人带一个球）。运动员应该一个跟着一个，不可以互相碰撞。在这个训练中，运动员和球都不能碰撞。

4. 5—6名运动员在场地罚球区域内运球。信号一响他们向对面的罚球区运球,到达对面罚球区后继续运球。第二声信号响起,再按照第一种方法向出发的罚球区运球。每个球员的任务是在运球时不要碰到同伴以及同伴的球。

5. 两组队员分别在两个罚球区内自由运球。信号一响,两组队员开始带球向对方罚球区出发,达到对方罚球区后继续训练带球。时刻记住,队员之间以及球和球都不能发生碰撞。

6. 运动员沿着直线运球,模仿用脚掌停球,然后继续移动,并不断模仿用脚掌停球的动作。

其他方案:动作如上,但模仿停球后,触球脚向右(向左)摆,而运动员跃进带球向前或者侧向移动(图120)。

图120

7. 运动员双腿开立(每人带一球),信号一响他们开始带球(用脚背内侧),将球从一只脚传向另一只脚(图121)。随着队员动作的熟练不断增加球滚动的幅度,同时队员身体不断向左、向右或者向前冲刺(图122)。然后将冲刺幅度增大到2—3步,同时将球带回初始位置。

8. 先用假动作向一个方向冲刺,随后迅速改变方向。首先在无球条件下做练习:运动员先向左冲刺,然后向右,再向左冲刺。逐渐再转到有球练习(图123)。

图 121   图 122   图 123

9. 运动员排成横队运球(间隔距离为 1.5—2 米)。听到教练的第一声哨响时,运动员用脚掌将球压向地面,然后继续向前运球(图 124—*a*)。在听到第二声哨响时,用脚背外侧停球,运动员转体 360 度(图 124—*б*)继续按照原来的方向向前运球(图 124—*в*)。

a   *б*   *в*

图 124

10. 运动员中速运球。哨声一响,用脚背内侧停球,然后加快速度向左或向右带球(图 125)。

11. 运动员中速运球(图 126—*a*)。哨声一响,运动员用脚背外侧停球(图 126—*б*),转体 180 度(图 126—*c*),然后向相反的方向带球(图 126—*в*)。

图 125

图 126

12. 运动员中速运球（图 127）。哨声一响，他们用脚背内侧停球（图 127—*a*）。然后，经左肩转体（127—*б*），带球向右前进（图 127—*в*）。

13. 运动员运球（图 128）。哨声一响，他们用脚掌将位于身体前方的球向自己"拉近"，同时身体向运球脚的方向转体 180 度，继续向相反的方向运球。

14. 运动员运球（图 129）。哨声一响，他们用脚掌触球将球向自己"拉近"，然后向前推球，继续运球。

图 127

图 128

图 129

15. 运动员沿圆圈带球(图130)。哨声响起,他们转体360度继续带球向前运球。听到第二次哨声后向左转运球,听到第三次哨声后向右转运球。

其他方案:运动员根据信号模拟脚掌压球以放慢跑步速度,然后猛力踢球,运动员再追球。

图 130

16. 运动员随意方向运球。听到哨响,他们将脚移向球的上方,然后再用脚背外侧将球踢向另一侧(图131)。

图 131

掌握这些技术以后,运动员自然要过渡到假动作的学习中来。假动作教学顺序如下:运球队员在行进中学习假动作,然后在不断变化行进速度和方向的情况下学习假动作。

这之后再练习假动作的组合动作。完成这样的组合要按照以下顺序进行:队员一边设想与自己对抗的对手,一边实施所掌握的假动作。然后在放置许多立柱的场地练习假动作。最后,与被动或者主动的对手一起练习假动作。要注意的是,必须用两只脚来完成向两个方向行进的假动作。我们一起来分析一下室内足球中常用的假动作。

变向的假动作(图 132)。在对手措手不及的情况下,要迅捷地变换运动方向。起先,进攻队员在对方防守队员面前假装带球向一个方向前进,毫无疑问,对方队员肯定要积极阻断,进攻队员以假动作迷惑防守队员,并迅速改变行进方向,带球晃过对手向其他方向运球。

图 132

　　以上的假动作可以有很多的变化形式。例如，带球队员用脚背内侧假装带球离开是迅速靠近的防守队员的有效的方式。当防守队员向进攻队员靠近的时候，进攻队员要将身体重心移到支撑腿上。同时，进攻队员要用触球的脚背内侧将球从防守队员身边"拉"过来，往支撑腿方向带，随后轻松甩开对方。如果防守队员持观望态度过来的速度较慢，进攻队员应该在对手靠近的时候做假动作，同时上体侧移，假装用脚背内侧带球向身体侧移方向移动。当对手上当时，进攻队员要迅捷地改变上体方向，带球向其他方向运动，从而摆脱对方。

　　假装摆动踢球，可以用于防守，也可以用于进攻。带球队员发现对手靠近自己时，假装摆动腿准备踢球或者假装传球（图133—a）。趁防守队员受骗，准备上前阻断时，进攻队员突然改变运球方向绕过防守队员（图133—б）。带球队员根据场上形势，可以选择假动作的方向：向前、向右或者向左。

图 133

　　假装摆动并转体180度（图134），这一方式在足球比赛中经常会用到。例如，运动员运球，而对手站在自己的运球线路上，当与对手接近时，将支撑腿放在球前侧方，假装用力用另一只脚踢球。代替踢球动作的是，将踢球的脚移向前方，脚掌向内转，身体朝球的另一侧倾斜，用脚内侧向后推球，进攻队员转体180度，然后带着球离开对手。

图 134

假装脚掌停球。用脚掌停球的假动作有多种方式,我们一起来分析以下几种方式。

例如,对手与带球运动员平行路线行进中的假动作(图135)。带球队员停下来后,选择好时机,用离对手较远的脚触球,对手对这样的改变措手不及,身体势必因为惯性作用向前跑一段,这个时候带球队员可以迅速用脚背内侧带球脱离继续奔跑的对手。

图 135

如果对手因为发现带球队员停球而减速,那么带球队员轻轻地将球向前踢,然后,突然起动摆脱面前的防守队员。

如果防守队员正面对行进的带球队员,那么带球队员在与对手迎面相距1.5—2米的地方用脚掌压球(图136—a),对手势必要稍微停一下,那么带球的队员微微抬脚,脚掌放到球后,将球向前踢出去。也可以换一种方式处理:踩球后第一个动作是先用脚掌将球往自己身边滚动,第二个动作是突然加速向前运球并加速超越防守队员(图136—б)。

a

б

图 136

其他方案：当带球队员与对手接近时，带球队员用脚掌将球突然停住，然后支撑腿向后退2－3步，继续用脚掌控制球。

带球的队员所采用的这些方式给人感觉好像没有任何的进攻意图，当发现对手放松警惕后，带球队员便可突然启动以摆脱对手。做这个假动作还有一种方式，当带球队员发现对手与自己平行行进，意欲阻挡进攻时，带球队员将球运到自己脚掌下，当对手因为惯性无法止步而继续向前跑动时，带球队员迅速猛冲将球向前运出（图137）。

图 137

脚掌停球的假动作在以下几种情况下奏效：①当对手与自己平行，并且准备将球从自己脚下抢走；②球员接球时处于站立状态，停球的那只脚接球后将球送到自己脚掌下，带球脚是对着球的方向；③对方球员试图抢球，带球队员将球控制在自己身体下方，转体180度，重新控制球，继续向自己选择的方向运球。

用脚掌接球的假动作在足球比赛中经常用到（图138），在这种情况下

图 138

球就像诱饵一样。例如，进攻运动员沿与球门平行的线路运球，侧面有防守队员，进攻球员用离对手较近的脚运球，引诱对手试图抢球，当对手靠近

时进攻球员用脚掌使劲向身后送球,转体90度(即面向球门)并用脚内侧向前带球加快速度向目标前进。

人球分过假动作(图139)。当带球队员与对手接近时,带球队员从对手

图 139

一侧将球传出去,而自己再从另外一侧绕过对手。也可以使球从对手的两腿之间穿过来完成。当对手后面有一个自由地带时,带球队员可用这个条件做这种假动作。

防 守 技 术

足球比赛的特点是每一个运动员的训练不取决于他在场上的任务,而是必须掌握所有能从对手脚下抢断球的基本技巧,在比赛中还要有效的合理地使用这些技巧。一个球队中如果队员们控球技能比较弱的话,是很难取得好成绩的。一般情况下,抢球是在对手接球、运球、传球,或者准备射门的瞬间进行。当发现对方带球队员在失去控制球的瞬间或者球离带球队员身体稍远的情况下,抢球队员要迅速向球猛冲。如果抢球队员能够准确判断出自己与带球队员和球的距离以及球速,那么抢断会更加有效。带球队员与抢球队员的相对位置对于抢断能否成功是非常重要的。室内足球比赛在禁止推挤带球队员的情况下,可以使用下列抢断方式:脚掌停球、踢飞阻挡、抢断。这些抢断方式要求是速度和灵活性。如果不能拥有开阔的视野,抢球队员就不可能在抢断时灵活机动地采取措施。

脚内侧抢断是球员在一对一的情况下使用的技术。这种抢球技术的

关键在于抢球队员要在运球队员的行进途中占据有利位置。抓住机会,抢球队员突然猛冲向前用脚内侧抢断对方的球。完成这个技术时抢断球的腿事先要向后摆,腿部关节及肌肉绷紧,抢球脚向外翻并转动,迅速用脚挡盖住对方的球,形成对方向前运球的屏障。这时队员的身体向前倾,而手臂为了保持平衡向两侧摆(图 140)。遭遇这样的堵截后,带球队员就会把球乖乖交给抢球队员。这种抢断技术在对手准备射门时使用是最奏效的。

"解围球"是抢球队员的踢球腿突然转向对手的方向时所实施的一种技术(图 141)。抢球队员用脚背或者脚掌任何部位从带球队员的脚下将球踢飞,是在抢球队员与带球队员面对面的情况下使用,或是当抢球队员在带球队员侧面以及侧后方靠近时使用。

图 140   图 141

截球可以用双脚、头和身体的不同部位来完成(图 142)。一般情况下,

图 142

当面对对手向其同伴传球时,会用到这一技术。猜到对方传球的意图后,抢球队员加速改变方向并抢断球。通常情况下,要求运动员拥有足够快的启动速度,当然也要有足够的灵活性。总之,要能够在瞬间诱骗对手取得战机。

练习示例

1. 两人一组练习。两名队员相向站立,他们之间放着球。两名队员的支撑腿均在球的周围,而踢球的腿在后面,听到信号后队员向前踢球,要努力用脚内侧踢球。

2. 两人一组练习。其中一人位于运球队员的路径上。当运球队员靠近抢球队员时,抢球队员伸腿用脚掌抢球。

其他方案:当运球队员用脚背内侧触球时,抢断队员向前摆腿进行抢断。

3. 两人一组练习。两名队员相距7—8米相向站立。甲队员向乙队员方向带球,乙队员接近甲队员时,用脚掌截球。

其他方案:其他动作如上,但是带球队员靠近对方时,模仿踢球动作。

4. 两人一组练习。两名队员相距7—8米相对站立。甲队员运球,准备抢断的乙队员慢慢接近甲队员,当甲队员稍稍放开球的瞬间,乙队员从甲队员的脚下铲出球。刚开始时甲队员在靠近乙队员时要故意放球。

5. 练习与上面相似,区别只是甲队员直线运球,而乙队员从侧面接近,当甲队员稍稍放球时,乙队员快速冲刺到侧面向外踢球。

其他方案:抢球队员跟随着运行的球,在侧后方接近带球队员,抓住机会冲刺,从带球队员的脚下抢断球。

6. 三人一组练习。甲乙两名队员互相传地面球,慢慢接近丙队员。丙队员的任务是抓住机会猛冲截断传递中的球。

其他方案:其他动作如上,但甲乙队员间互传空中球,丙队员的任务是利用头或胸部截断传球。

7. 两人一组练习。两人站在一条直线上,其中的一位将球向前踢出几米远之后,两人同时起动抢球,看谁能第一个控住离开的球。

其他方案:其他动作如上,但球向前上方高抛,当球触地弹起后,另一个球员试图控球。

8. 两人一组练习。两名队员相距3米前后站立。前面的队员带球从场地中线后面开始向球门方向运球,球门有守门员把守。后面的队员要追上前面带球的队员并用最合适的抢断方式阻挡带球队员射门。

守门员的技术

五人制足球的守门员是非常重要的人物。如果一个球队拥有高水平的控球队员，而守门员的水平不高，也很难取得好成绩。反之，一个拥有中等水平控球队员的球队，但有个很好的守门员，在很多方面能占很大的优势。

在中学五人制足球中，守门员年龄选择在 11—12 岁之间。此前，该学生应该与其他的队员同样掌握足球的基本技术。

培养年轻守门员掌握守门技术时，必须采取使用手套、护膝等防护措施。在学习跳跃和扑球动作时，必须使用垫子。

在五人制足球中，守门员快速而又节省体力的在场地上移动是非常重要的。这就是为什么守门员必须能够突然起跑，迅速改变运动方向，自由地向前后移动，双腿不断向侧面或后面摆动，完成各种各样的跳跃和突然的急停的原因。毫无疑问，所有的动作都要与守门员各种各样的起跑动作紧密相关，而且也是为守门员进一步地学习掌握新技术、进行带球训练等打下基础。

首先学习在无球情况下的身体移动。开始让守门员从学习单一的技巧逐渐过渡到将一种技能同另一种技能训练相结合，直至到将多种不同的技术动作组合在一起训练。例如，在掌握了向前跑之后，守门员要练习变换方向向两侧、前面或者后面跑动然后练习倒退跑动作。教练员通过跑动技术的演示说明，着重强调学生们应注意学习在场地双腿弯曲并且双脚在场地上站位的重要性。

制动训练应当从掌握停顿步法开始，然后才是跳跃停步。一般从原地起跳开始训练，再到单腿起跳和双腿起跳。训练重点应当放在主动单腿蹬地起跳和甩臂助跳两项内容。同时还应注意完成跳跃动作后保持正确的落地姿势。守门员在落地动作完成瞬间，双腿的轻松放置，动作要干脆利落，为下一个技术动作做好准备。

在比赛过程中守门员采用何种站立位置,取决于比赛当中球所在的位置。当对方球员带球正对球门,但距球门仍有一定距离,守门员一般选择站在球门正中的位置。守门员的基本站位方式是双腿略微弯曲保持与肩同宽,身体稍稍向前倾斜,整个身体重心均匀地分配在两条腿上(图143)。如果对方球员带球逼近球门,守门员的站立方式就会发生变化,身体重

图143

心放得更低,整个身体更加前倾,并且守门员应当迅速将身体重心移动到前脚掌上(图144)。

当对方球员带球沿边线移动时,守门员应当选择带球球员离球门更近的一侧站立。一边向球门靠近,一边伸直一只手臂遮挡住球门上角,另一只手移向另一边以保护没有任何防护的球门中间部分。整个身体充分伸展开,双脚平稳站立,身体重心转移到离球门柱近的脚上(图145)。在这个位置上,守门员有可能用手或脚击挡来自任何高度的球,也可以阻挡对方球员向距自己较远的球门立柱方向射门。

图144

图145

同接球一样重要的是,守门员可以用手或脚将球击回,同时可以向进攻队员腿部猛扑或者猛冲解围,或者控制从队员身上反弹过来的球。得到球之后,守门员应当迅速将球传给自己的队友。当然,只有经过循序渐进的训练,年轻的守门员才可能掌握如此复杂的技术方法,达到技术上的逐步娴熟。

总之,让我们来了解一下关于室内足球守门员的训练和技术培训。

守门员迎面接低空或地滚球（图146）。完成这项技术守门员要双脚平行站立。守门员应当将视线紧盯快速接近的球,当球几乎到达跟前时,守门员要将双腿合拢双腿膝盖弯曲,同时身体略微前倾用双手截球,并马上将其紧紧抱在胸部（图147）。如果球在距离守门员一步距离的侧面,守门员应马上用离球近的脚将球停住并向球跨一步,在双手触球之前,把另一只脚也挪过来。实施这种技术动作的前提是守门员要有良好的脚下运动能力和对球运动轨迹的准确判断能力。同时守门员应当注意训练如何处理突然偏离原来运行轨迹的球,要知道在球门前发生"混战"时,这种球是会经常出现的。

图 146

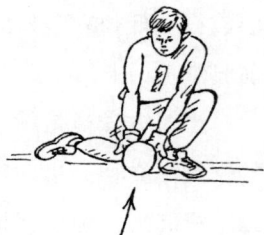

图 147

守门员采用单腿跪立姿势是最保险的接地滚球的方式。当球向守门员滚过来时,守门员应该将身体重心放在支撑腿上,支撑腿的膝盖尽量弯曲,另一条腿努力外翻并且膝盖紧靠支撑腿,小腿横着紧贴地面,形成阻挡来球的屏障。守门员的双手下垂,几乎触到两腿之间的地面上。当球一触到膝盖,立刻将它沿着前臂滚动并且紧贴着胸部或者腹部。

练习示例

1. 队员先两脚分开站立,身体慢慢向前倾斜,膝盖不能弯曲,同时用双手手掌接触地面。

其他方案:其他动作同上,分开站立和身体倾斜动作同时进行。

2. 守门员从最基本站位开始,做身体前倾弯腰,拾捡放在地上的球并将球抱到胸部。

3. 两人一组练习。其中一人站在守门员的位置上,他的队友站在球门前3—4米远的位置将球沿地面向球门抛过来,当球接近球门时,守门员用双手掌抓握球。站直身体后,将球紧贴向胸部。然后两个人交换位置重复刚才的动作。

4. 队员站立成一列纵队，排头的队员以守门员的站姿准备，面对纵队站立的一个队员向排头队员发地滚球，排头队员弯腰拿球，然后踢低位球给发球队员，完成后排头队员跑到纵队尾部排队等候。

5. 两人一组练习。一人站在球门前的位置，他的队友从距球门 5—6 米远的位置用脚将球低射至球门。守门员需要用正确的接球姿势接球。

其他方案：其他动作同上，但是球可以从偏左、偏右的角度发过来，守门员要根据来球的位置跨一步，双脚合并后接球。

6. 三人一组练习。两人距离 16 步远相对站立，依次将球低射至站在他们中间的守门员。守门员原地不动或者侧移后接球，接球后将球发还给踢球的运动员，然后转身准备接另一个运动员的球。两个队员和守门员之间要定时互换角色训练。

7. 几个球员站在距球门 8—12 步远的位置以不同力度依次将球向球门低射，守门员扑接滚动的球。

在确定了球的走向之后，守门员应当利用下扑动作，如同把地面当作床那样扑上去。在此过程中，守门员需要依次练习用小腿、大腿、骨盆以及手臂接触地面。一手靠前一手靠后将球固定并紧紧压至胸口。扑球的方法按照球飞行方式的不同分阶段进行训练。

足球守门员扑接侧面低位球方法如下：判断出球路后，守门员向地面扑去，几乎是沿着地面飞行，守门员小腿、大腿、胯部和手先后依次着地。一只手从后面拿球，另一只手从上面将球向胸部抱牢（图148）。

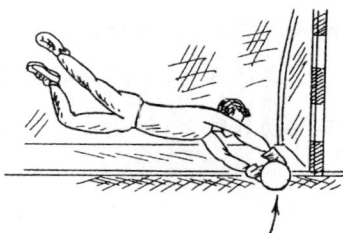

图 148

室内足球中扑救球经常出现在守门员离开球门面对进攻队员的情况下。在这种情况下，守门员应该当机立断，要能够准确判断出自己能否先于对手或者同时和对手触到球，精准判断形势后，守门员向前跨几步并去扑救解围，要么将球控制在自己手中，要么在靠近进攻队员时可以用自己的身体阻挡对方射门（图 149）。

 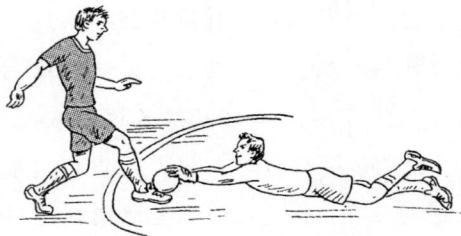

图 149　　　　　　　　　　　　　　　图 150

类似的方法通常被守门员在对手向位于罚球区的同伴传低位球的情况下使用。守门员的任务在于判断形势,迅速地离开球门猛冲扑救得球,或者将球击出危险区域（图 150）。

练习示例

1. 守门员倒地双手抱球。第一声信号发出后,守门员做身体向左侧倒地扑救并用双手用力抱球的练习。当第二声信号发出后,守门员归位,开始向另一个方向完成上述动作。

2. 守门员双膝跪地,在他的左右两侧各放置一个足球。练习依次接住一侧的球并将其紧紧抱住,然后再更换到另一侧做同样的练习。

3. 在守门员左右两侧各放置一个足球,守门员保持下蹲动作,依次向两侧扑球,得球后将球向胸部抱紧并起立。

其他方案:①其他动作同上,但是可以从守门员基本站位开始训练;②其他动作同上,但是扑球需要穿越设置好的吊环（图 151）。

图 151

4. 两人一组练习。一名球员在距队友 1—1.5 米远的位置给队友踢低位球。队友从守门员基本站位开始完成扑球并得球,随后起立。这一动作完成后,他踢低位球,使球从同伴身边划过,如此反复训练。

5. 守门员在球门附近侧卧,胸口朝向自己的队友。其队友从距离其 6—7 步远的地方向其射低球,要让球偏离守门员。守门员从地面跃起得球,然后要回到原来的位置。训练的复杂程度要逐渐增加。教练员要不断增加守门员与球之间的距离或者增加射门的力度。

6. 两人一组练习。两个守门员距离 2—3 米相对而坐,持球一方向队友抛出偏离其同伴 1 米,高度约为 0.5 米的球,队友要保持坐姿去扑救得球。当一方接到球之后,按照上述方式给对方发球。

7. 两人一组练习。甲球员持球面对乙球员,乙球员单腿下蹲。甲球员以 0.5 米左右高度向乙球员一侧抛球。乙球员扑救得球后,将球抛回,球运行方向对着下蹲的那条腿。球员任务:触地瞬间要用身体最柔软的部分着地。经过一段时间训练后更换下蹲的腿。球员要定时轮换角色。

8. 在距球门线平行位置 8—10 米处成直线放置 8—10 个球。几个球员轮流(可以稍有间隔)射门,球要以较低或者低位射向守门员的一侧。守门员要努力将球扑下并接住。

9. 三人练习。一人站在球门处,自左右两个方向用立柱搭建两个小球门。距球门 5—6 米的位置各站立一名队员。同时安排两名队员依次以较轻的力度向两个小球门射门。守门员从站位开始扑球接球,当拿到球后,他要将球送回并且迅速归位。然后准备接另一个方向踢过来的球。定时轮换扑球者与射球者的角色。

10. 守门员站在球门正中,在距其 1.5 米的位置放置实心球。其队友站在侧面以较低的高度把球向他抛去,守门员要从球门跑出经过实心球并努力接住飞来的球(图 152)。训练一段时间之后,变换抛球的角度。

图 152

11. 两人一组练习。一人站在球门的位置,队友站在距其 2—3 米的位置,向他不断的投球,要使球从地面弹起 0.5 米左右的高度。守门员移位并拿到反弹起来的球。球的投射角度不断变化。队员定时轮换角色练习。

12. 两人一组练习。甲球员站在球门的中间位置背对乙球员,乙球员持球站在距球门线 3 米远的地方。哨音响起后,甲球员迅速转身 180 度接住由队友从侧面抛过来的反弹球,反复训练之后更换角色训练。

13. 守门员站在球门正中位置,将球向门柱方向抛出,当球飞起瞬间守门员移动扑救得球。

14. 守门员站在球门位置,多名球员在距球门 12 米远处带球站立,他们轮流向球门移动至罚球线处射门。守门员的任务是迎着进攻队员迅速冲出球门,尽量在靠近罚球区扑救拿球。

其他方案:其他动作同上,但是队员们在进入罚球区时竭力避开守门员的扑救,将球射入球门。

15. 守门员在球门中心背对一个 6 米的标记站立,另外两名球员站在门柱旁边,面对标记。两名队员轮流向前踢地滚球,守门员听到哨声后,立即转身 180 度,向前跑两三步扑救拿球。守门员要尽量在罚球区内得球。

中高球(通常高于膝盖低于头部位置的球)的接法。在这种情况下,可采用原地接球和跳跃式接球两种方式。

第一种方式是原地接球。守门员在球接近身体时，要弯曲膝关节并将两脚靠拢，躯体上半部分略微前倾。这样一来，身体和大腿之间形成了一个独特的角，好似捕球的网。双手肘部弯曲向前，手掌面对球。球接触到手掌之后用手掌、前臂抱紧并贴近身体（图 153）。如果守门员在接球时处于走步状态，则他应该将身体重心调整到后面的支撑腿上，这样可以最大限度的减少射门球带来的冲击力。

第二种方式是跳跃接球，其目的在于阻挡对方球员传球。当球飞向守门员胸部的时候，守门员单腿蹬离地面跳跃拿球，将球紧紧地抱入怀中（图 154）。

图 153

图 154

练习示例

1. 守门员双腿分开稍比肩宽站立，手臂肘部弯曲向前伸，手掌持球。守门员练习将球抱入怀中，再次还原初始位，反复练习。

2. 其他同上，守门员将球向上抛至 30—40 厘米，拿球后将球抱至胸部。

3. 守门员站在球门前，由队友在距其 2—3 米远的位置向其腹部位置抛球，守门员练习接球。

4. 守门员站在球门正中,几个球员在距其 6—7 米远的位置轮流向守门员腹部偏上的位置抛球,当球几乎要飞近守门员时,守门员挺身跃出将球接住。

其他方案:其他动作同上,但是球员在距离球门 8—10 米远的位置用脚向守门员踢球练习。

5. 守门员站在球门正中,队友依次在距离球门 7—8 米远的位置上,变换方向向守门员抛球。守门员的任务是根据来球线路移动身体,双腿平行向前上步或者跨交叉步将球接住。

6. 几个球员在距球门 8—10 米远的弧线位置轮流向守门员踢球,射门的球员要用不同的力度向守门员腹部或者胸部送球。守门员根据具体情况判断,采取原地式接球、跳跃式接球或者前冲接球。

7. 守门员站在球门的位置,在距离球门 2—3 米的位置放一个实心球。队友从 8—9 米之外的距离向守门员抛球,要迫使守门员跑离球门并且越过实心球跳跃拿球。

8. 守门员面向挡板 2 米位置站立,在其侧后方站立两名球员依次向挡板抛球,球触壁反弹回来到达与守门员胸部高度时,守门员原地或者跳跃接球。

高球(或者是斜吊球)的接法,既可采用站立式姿势也可采用跳跃式姿势接球。原地站立姿势接球时(图 155),当球飞近瞬间,守门员双手向上伸,手掌对着球,双手大拇指几乎相触。接到球后轻盈地将球揽入怀中或是回归到原来的位置再次将球传给队友。守门员在接球的一瞬间,手臂肌肉应当尽量放松并以最大限度缓冲球的冲击力。如果守门员的手腕是绷紧的,球很有可能再次弹出而成为对手的战利品。

守门员跳起接高球可以在原地用单脚起跳或者双脚起跳来完成。一般情况下,守门员在禁区内用这样的方法拿球。守门员落地时双腿应该是分开的,这样可以瞬间将得到的球投入比赛(图 156)。

图 155

图 156

练习示例

1. 双手持球将其举到脸部的高度,两个大拇指几乎靠在一起。听到哨声后双手向后拉(如同将球射出一样),做完这个动作回归到起初的位置,同时模拟抓拿降落球动作。

2. 队员将球向头上方抛,用手接球,然后松手让球下落,而上臂和胸部形成一个"角",队员将球揽入"角"中。

3. 两人一组练习。两人相距 2 米左右站立,他们轮流将球抛向队友上方,接球者则需平稳地将球抱入怀中。

其他方案:队员们相距 5—6 米面对面站立,将球以抛物线轨迹抛向同伴。

4. 多名球员半蹲着围成一圈。一名球员站在圆心位置上,向上方抛球,同时他喊到某位队员的名字时,该队员要迅速起立跑两三步然后跳起接住来自圆心球员抛过来的球。

5. 守门员站在球门中间位置。几名队员在距离 8—10 米的位置轮流向罚球区踢高轨迹半空球,要迫使守门员向侧前方跑动,跳跃接球。

6. 其他动作同上,但是守门员要与其中一名消极移动的球员争球。

7. 守门员站在球门中间位置,他的队友站在 10 米远标记的地方,以很高的弧度踢球,在逼近禁区线的位置下落。守门员要从球门前跑出,跳起并努力在最高点将球接住。守门员须垂直向上跳起,落地时不能超越禁区线。定时轮换守门员和其他队员的角色进行此项练习。

8. 守门员站在球门中心位置,保持基本站位方式。球门后面站立两名带球队员,他们轮流以很高的弧度将球踢出飞越球门在禁区线1—2米以内的地方降落。守门员受视线影响对于球的判断会出现延迟,但是他必须及时做出反应。发现球后,守门员迅速启动并在跳跃中的最高点上拿球。

9. 守员站在球门一角,用一只手接触门边。在距球门5米之外,由一名球员向球门另一个角射门。守门员要运用平行侧移脚步,在跳跃中的最高点上拿球。然后从另一个球门角重复上述动作。定时更换队员角色。

图 157

守门员跳跃扑救侧面射向球门的半高球和高球,这种方法一般用于应对来自对方球员的强力射门。为了保护球门的安全,守门员应当迅速蹬离地面,身体向上、旁侧移动,双手上举,手掌正对来球,手指轻微展开,应当选择较大的面积来接球(图 157)。接球的瞬间,守门员的双手弯曲并用力将球抱到胸前。落地瞬间守门员倦曲身体。

在室内足球训练中,守门员经常站立扑救射向球门的半高球(图 158)。这个动作与双手向上抓球的动作相似,起初手臂要充分伸向来球的方向,两只手臂几乎保持平行,手指放松并保持半弯曲状态。整个身体重心移动到靠近来球方向的那一只脚上。守门员要向这个方向转身抓球。

图 158

练习示例

1. 两人一组练习。一名队员站在守门员的位置上,另一名队员站在距其3—4米远的位置上,守门员左右各安置一个垫子。由其队友以较高角度将球向守门员抛出,守门员要跳起接住来球并倒卧在铺好的垫子上。反复进行此项练习并定时更换队员角色。

2. 守门员站在由两个实心球搭建的球门中间,球门宽度为2米。他的队友在距离球门3米远的地方,以抛物线轨迹向守门员侧面抛球,守门员必须跃过实心球接球(图159),可以从左右两个方向进行射门练习,训练过程中最好使用体操训练专用垫子。定时更换队员角色。

图 159

3. 守门员站在球门正中位置,其队友站在3—4米远的地方将球向球门抛出,守门员要跃起接球,反复进行此项练习并定时更换队员角色。

4. 三人练习。甲球员充当守门员,乙球员在距离守门员3米的位置采用跪卧姿势,丙球员站在距乙球员3—3.5米的位置。他的任务是将球向乙球员的一侧高位抛出,此时守门员需要助跑几步,蹬离地面,并从乙球员身上跃过将球扑救住(图160)。这个动作完成后要变换抛球角度继续训练。建议使用体操训练专用垫子。定时更换队员角色。

图 160

5. 守门员站在球门中间位置,保持基本站位姿势。他的同伴站在距其

4—5米远的地方,将球向其射来。守门员蹬地起跳后将球接住。要不断更换来球的方向,定时更换队员角色。

其他方案:守门员用蹲位或者俯卧位训练。

6. 守门员站在球门中间位置,其他队员则站在距其8—10米远的地方。命令发出后,守门员向前翻滚一次并马上起立保持基本站位姿势,他的队友以较轻的力量将球高射至守门员侧面,守门员跃起接球。训练过程中队友逐渐增加踢球力度。定时更换队员角色。

7. 队员们轮流从距球门10—12米处将球高射向守门员侧面,守门员跳起扑救球。

8. 守门员站在球门中间位置,在门柱两侧站立两名球员,他们轮流向距球门4—5米远的队友抛球,后者头顶高位球射向守门员侧面,守门员应努力接住高飞而来的球。定时更换队员角色。

脚挡球,一般采用弓箭步或者劈腿姿势。弓箭步挡球是最流行的防守方式之一(图161)。守门员对来球方向做出判断后,用接近来球的脚做一个弓箭步。这种情况下守门员的小腿几乎与地面垂直(或者与地面稍微呈现一点弯曲角度),另一只脚几乎贴近地面同时垂直转向来球的方向。与此

图 161

同时,为了保险起见同方向的那只手臂向前伸,另外一只手微微抬起保持身体平衡。守门员可以用脚或小腿的任何部分将球挡住。守门员身体的位置或者垂直,或者向弓箭步方向倾斜,这都取决于弓箭步幅度的大小。在成功将球击回之后,守门员要立即恢复到基本站位姿势,以防对手突然从不同方向将球回射过来。

劈腿击挡低角射球(图162)。可以使用腿的任何部位将球击回。成功挡球后,守门员几乎劈腿坐在地面上。动作完成后,守门员应尽快迅速站起并恢复到基本站位姿势。

用摆腿击挡飞向守门员侧面的球,一般情况下这类球的高度在胸部以

下(如图 163)。这种动作一般是以大腿的摆动带动小腿的(小腿稍滞后)。与此同时,守门员将另一只脚也向这个方向移动。在这种情况下,守门员要估算自己的起跳力量,要保证用脚内侧或者迈起的小腿来接球,迈起的腿的脚应当向上绷直。为了增加保险系数,守门员还要在击球的同时把同侧的手摆向击球的方向。

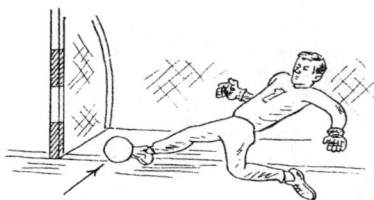

图 162

图 163

单手掌击球(或双手)的动作。通常守门员在措手不及的复杂情况下采用这样的技术。面对进攻对手,守门员经常来不及拿住球,而是被迫在最后时刻在跳跃或者猛冲中用单手或者双手将球推挡至安全地带(如图 164)。这种技术也可用于击出飞向球门的任何高度的球。这些球要么被击离球门,要么被击飞过球门的横梁(如图 165)。在对手越过球门前的防守队员向球门劲射时,使用这种方法很奏效。

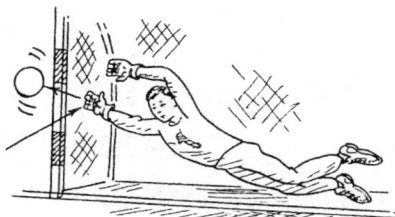

图 164

图 165

当球即将落入球门内,并且对方球员已经准备再次控球时,守门员都是用单拳(或者双拳)将球击出。守门员用紧握成拳的手指骨触球完成该动作,击球时肘部关节弯曲(图 166)。一般情况下,守门员都是跃起将球击出。这种击球方式也适用于当对手超越已经离开球门的守门员准备大力射门的情况。

图 166

如果球直飞至守门员上方或者面对守门员,而守门员在其他的位置上或者根本没有预见这样的局势,没有做好接球或击球的准备,门前防守的队员要当机立断用头球解围(如图 167)。当对手踢高空球射门,球在罚球线附近下落时,为了保证球门不失,守门员也可以更多的使用头球解围。

图 167

守门员运用这种技术,可以成功的应对对方反击而队友来不及返回防守区域的情况。守门员不得不单枪匹马地与数名对手对抗并且已经处于禁区外,只得使用头球进行有效的防御。在这种情况下,守门员要抢在对手进攻之前得球。通常,守门员要跑动几步以单脚或双脚跳起,在空中弯曲背部,大力用额头顶球,要使球向高出对手方向飞行。迫不得已的情况下,守门员要在触球时转头,将球顶到安全地带,甚至顶出边线。

练习示例

1. 守门员蹲立球门前，一手触门柱。一名队员在面对球门中心 2 米左右的距离，不断地向守门员远端的门柱附近球门角踢低位球，守门员用单手掌将球击回，然后就在击球的门柱就近回复初始站位。之后，射门队员则向另一个球门角射门。定时更换角色练习。

2. 守门员站在球门中间位置。在球门小角处各放置一个球。守门员从基本站位开始向另一只角冲刺，将放在地上的球踢离球门，然后迅速就近回复站位，再向另一个角的球猛冲。

其他方案：其他动作同上，但是由几名队员从球门外 3—4 米处射门，守门员扑救滚向球门的球刺。

3. 守门员站在球门中间位置，面对边线。两名球员在球门前面4—5 米处，侧对球门相互传球(球路与球门线平行)。守门员的任务是使用侧扑动作用单掌或者双掌将球击飞。成功击球后，守门员回归基本位置(图 168)。定时更换角色练习。

图 168

4. 守门员听到哨声后从原地向上起跳，落地瞬间向左或向右做出箭步动作。

其他方案：完成向旁侧的箭步动作后，守门员踢飞放在 1 米外的球。

5. 守门员站在球门中间位置，背对球场中心。其队友站在距球门 6 米的标记线和球门线之间,向守门员发出声音信号,守门员快速地转身 180 度并取基本站位。队友此时将球踢向守门员旁侧,迫使守门员做箭步姿势将球击出。

其他方案:①其他动作同上,但是守门员用劈腿式击球。②队友双手向守门员抛齐腰高的球,守门员单腿摆动将球踢飞。

6. 守门员站在 6 米线的位置上,面向球场中心。在他身后 3 米的地方站一名队员,听见哨声后队员向守门员两侧踢低位球。守门员集中精力,注意观察,一旦发现球立刻扑救解围。要求守门员必须在球出禁区线之前击球。队员定时更换角色练习。

7. 守门员坐在球门中间位置,面向球场中心。两名队员在其对面 3—4 米处站立,轮流向守门员抛球,让球能够落地反弹经过守门员体侧入球门。守门员要保持坐姿,身体向反弹球方向倾斜,尽量用手掌将球击离球门(图 169)。定时轮换队员的角色。

图 169

8. 队员们一人一球排成纵队站在距离球门 12—15 米处,守门员站在球门中间位置。队员们轮流向球门方向带球,进入罚球区域时,队员有意拉开人球距离。守门员面对进攻队员跑出球门出击,并用一只手掌将球向球门旁侧击出。

其他方案:其他动作如上,但是队员向球门不同的方向带球。

守门员开球,这里主要讲守门员用手抛球的方式开球。守门员接到球之后,首要的任务是迅速、准确地用手将球抛给无人防守的队友。抛球时主要是用单手从肩的后面侧身抛球。从肩的后面侧身抛球有如下几种方式:原地抛球、交叉步运动中抛球、移动但无交叉步抛球以及起跳落地式抛球等。

正面抛球(图170)。守门员单手持球,肘部弯曲并将球举至头的高度,身体重心移至位于身体后侧的支撑腿上,另一只手臂的肘部弯曲,放置胸前。持球手从前臂开始发力向前下方摆动,到手腕猛然发力摆动结束整个动作。这样才能保证球按照守门员选定的目标抛出。在完成动作的同时,空手向一边收,同时身体的重心转移到站立在前面的腿上,随后原先站在后面的脚移到前面来。

单手侧抛球(图171)。守门员的动作类似铁饼运动员抛铁饼的动作,其技术要领有很多方面与单手在原地从肩后面抛球动作要领相似。

图170   图171

单手抛地滚球(图172)。这种抛球通常被称为"滚式球"。这个动作完成起来并不困难,用这个方法守门员可以准确地将球传给近距离的队友。首先,守门员一只手往后拉,整个躯体前倾,与持球手异侧的腿向前移,然后守门员向前跨一步,加速将球向预想的方向抛出。完成这个动作后守门员的手还要沿球路向前摆动。

图172

守门员将球向前上方抛出,再用脚将空中球或者半空球踢出,通常用于禁区内截球后,而且必须迅速将球传向对面球门时的情况下使用。

练习示例

1. 守门员们排成纵队,在他们对面4—6米处站一位持球队员,持球队员用手将球"滚"向排头队员,排头队员接球后以同样方式将球送回,完成动作后排头队员迅速站到纵队尾部。然后持球队员以同样方式将球滚给第二名队员,以此类推。定时更换站立队员和抛球队员的角色。

2. 两人一组练习。两名队员相距6—7米站立,他们轮流将球在彼此间滚送,并按规定动作接球。

3. 两人一组练习。两名队员相距8—10米站立,他们轮流在原地将球从肩后面发力抛出。

其他方案:其他动作同上,但是球从侧面抛出。

4. 队员们在距挡板4—5米处以不同的方式用单手向挡板抛球,注意力要放在腕部动作结束时的发力上。

5. 在距球门20米、25米和35米的位置分别画出三个直径1—1.5米的圆。守门员轮流从原地以不同的方式向不同的圆圈做抛球练习。

其他方案:其他动作同上,但是抛球前守门员完成几个交叉步抛球、在运动中(无交叉步)抛球、触地后运动抛球。

6. 两人一组练习。两名队员相距20—30米面对面站立。事先将球抛起,然后用脚将空中或者半空中球踢传给对方。

7. 在距禁区30—35米处分别画出两个直径为1.5—2米的圆。两个圆之间相距5—6米。守门员在球门处站立。一名队员将球高抛给守门员,守门员接到球后,将球抛起,踢空中球或者半空球落到队员指定的圆圈内。

其他方案:队员将球低位滚动传给守门员。

8. 两人一组练习。一名守门员站在球门中间位置,另一名球员站在球门侧面位置,将球向禁区中心位置抛出,守门员迅速跑出接住球,然后将球抛起,用脚将球踢到场地另一半的指定目标。

其他方案：球踢向另一个球门。

在室内足球运动中，守门员不仅要完全掌握专业的接球、挡球以及回传球技能，而且还要掌握场上队员的技术。这是由室内足球的本质特点决定的，它要求守门员有时也承担起场上其他队员的角色。比如，守门员从队友那里得球后，应当立即将球精准地传给一个队友，同时避免让对方抢断。除此之外，复杂的场上形势还要求守门员及时采取不同的接球方式以及运用多种假动作来抵御对方球员强劲准确的射门等等。

一个技术过硬的守门员，在危机时刻应该是最后一名防守队员，它必须承担防守或者调度员的任务。因此，为了成为一名合格的守门员，不仅要进行守门员的专业训练，而且还要参加场上其他球员的训练活动。

针对青少年守门员的补充性技术训练

1. 守门员单手持球，以身体为轴心向前或向后转动。训练时注意不断更换左右手持球来进行。

2. 守门员左右手交替抛接球，球的高度要超过头顶（图173）。

3. 守门员两手持球，身体前倾，从两腿之间将球向背后抛，使球飞跃头顶。站直后，守门员在自己面前接球（图174）。

其他方案：运动员直身站立向上抛球后转身180度在头顶处接球。

图173　　　　　　　　　　图174

4. 守门员身体前倾，保持半蹲姿势，在两腿间双手传接球（图175）。

其他方案：①围绕两腿间呈"8"字传接球（图176）。②球贴地面围绕腿部呈"8"字状传接。

图 175   图 176

5. 守门员坐下,一条腿伸直并稍稍抬起,两手在这条腿下方传接球。

6. 守门员站立,双手努力伸直抱球,松开手,当球下落时抓球并抱入怀中。

其他方案:其他动作同上,但是守门员接反弹球。

7. 守门员保持站立姿势,右手向旁侧伸直并持球。守门员用球击打自己脚下的地面,猛跳一下,再用双手接从地面反弹的球。然后将球转到左手中,再按照前面方式训练。

8. 守门员双手将球抛至头部上方,在跳跃最高点接球后将球抱入怀中。

其他方案:其他动作同上,但是抛球之后守门员迅速转动 360 度,努力接住球并将其抱入怀里。

9. 守门员仰卧在地面上,双手伸直持球。迅速起身后将球送到胸部。

其他方案:采用侧卧或俯卧来进行此项练习。

10. 守门员俯卧,双手支撑地面。队友向其头部高度传球,守门员要努力接住球,同时肩部着地。

其他方案:守门员保持半蹲动作或采用跪姿,队友向其伸直的双手位置抛球(图 177)或者稍稍偏离这个位置抛球(图 178)。

图 177   图 178

11. 守门员保持基本站位姿势,背对队友,其队友站在距守门员5米处双手持球。哨声后,队友向守门员抛球,守门员须迅速转体180度并将球接住,反复进行此项训练(图179)。

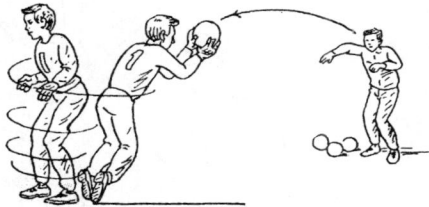

图 179

其他方案:球由不同方向向守门员双手举起的高度抛来。

12. 在守门员身体左右两侧1.5—2米处各放置一个实心球。守门员保持基本站位姿势,然后向右将球抛出,使之滚过实心球,守门员出击抓滚动的球。然后从另一个方向开始练习。

13. 守门员将球举到头部上方,用力将球抛向自己面前的地面,然后向前翻滚一周后,在球弹跳后快要落到地面时,守门员将球抓住并抱入怀中。

其他方案:守门员抛球后转体180度,向后翻滚一周再抓球。

14. 守门员面对挡板1.5—2米处站立。一名队友站在守门员后面向挡板抛球。守门员的任务是根据球碰触挡板时迅速做出反应,并将反弹过来的球抓住(图180)。队友可以逐渐增加抛球力度。定时更换队员角色练习。

图 180

其他方案:①守门员面对挡板5米处站立。一名队员站在守门员侧后方,将球以抛物线轨迹抛到挡板上,守门员向前跑并在跳跃的最高点抓球(图181)。②可以把球抛向挡板不同高度。

图 181

15. 两名守门员相距10—12米相对站立。其中一人带球完成前滚翻,站起后用脚将球以弧线轨迹踢向队友。队友须跳起接球并抱入怀里,然后做一个前滚翻动作,按照上述方式将球高抛给队友。

战术及战术训练

  五人制足球的战术指的是球员踢球时最合理的个人、集体及全队的行为,这种行为立足于踢球时的积极性与创造性,目的是使整个球队获得更好的成绩。

  在防守和进攻之间进行经常性的对抗,催生新的战术理念,从而促成训练体系的完善,以及在整体上提高技战术水平,而这又成为这种球赛战术发展最根本的催化剂。比赛的战术可以分为进攻战术和防守战术。在比赛中进攻与防守的战术任务是由个人、集体以及全队的行动所决定的。

  战术训练指的是学习和掌握战术的理论基础并运用技能的过程。中小学生在学习室内足球的课程中应该将战术训练的理论和实践相结合,这样球员就可以比较轻松地获得知识并能运用知识。

  教授中小学生五人制足球的战术时,首先要让他们对球赛有总体的认识。教师应该向学生介绍球赛的基本规则,布置在球赛中应实现的任务,以及教会他们进行球赛的基本方法。为了让学生得到关于五人制足球实战的知识,可以举行规则简化的对抗赛。随后,教师开始对学生进行分解的战术训练,首先是单个球员的训练,然后是若干人配合训练,最后才是整个球队的训练,最终所有学到的训练内容构成了进行球赛的战术体系的基础。总体来说,建议在使用任何技战术训练球员时应遵循下列程序:

  ——用模型或图解形式进行叙述和展示;

  ——球场上在与消极的对手或假想对手的对攻中直接学会进攻套路;

  ——同上,但是与具有一定技术动作的积极对手进行对攻;

  ——同上,但是与积极对手以比赛的形式对攻;

——在对抗赛中形成战术套路。

符号标志

⊗ —— 球

○ —— 进攻队员

▷ —— 防守队员

(II.) —— 教练

⬠ —— 进攻一方的守门员

▷ —— 防守一方的守门员

⇨ —— 进攻方向

➡ —— 射门

▲ —— 立杆、小旗或其他参照物

1, 2, 3... —— 连续传球或球员跑位(移动)

- - - → —— 跑动路线

——→ —— 传球路线

～→ —— 绕行、带球用假动作过人

▷▷ —— 两个球员采用人墙防守

▷▷▷ —— 三个球员采用人墙防守

▱ —— 一个或一些球员的活动区域

Ⓐ —— 裁判

▬ —— 球门

进攻战术教学

在球赛中控球队被称为进攻队。它的首要任务是破坏对方组织的防守，目标是攻陷对方球门。而要实现这个任务和目标必需要由积极的进攻行为作保证，这种积极的进攻行为可以在球赛中获得主动性，从而牵制对手，使其失去在比赛中的有利态势。当然，在比赛中为了获取胜利，进攻队应实施早已制定且积极有效的战术布署。这种战术布署指的是针对具体的对手，在不同的比赛时段采用目标明确的进攻手段、形式和方法。

球队在进攻中行为的准确性取决于球员是否掌握在与对手进行一对一攻防时，个人的技战术、方法和能力，在比赛时球员能够准确的摆脱对方球员的控制，为自己和队友寻找、开辟活动空间，战胜自己的对手并最终将球队引向胜利。进攻中的个人行为既包括持球行为也包括不持球行为。

"突破"指的是球员摆脱对手的盯防。负责"突破"的球员可以控球并将其射入球门，或者可以将球传给站位更具优势的队友，或者牵制对手并为自己的某个队友扫清射门之路。要让对手猝不及防，动作务必迅速。在采取这种战术行动之前，首先要有一些假动作，球员假装松懈来迷惑对方的盯防球员。突破的方向可以是在前、在后以及在侧路完成。这里需要指出的是，为了使队友接到球，球员应该在队友已准备好接传球的情况下突破到空档。

"跑位扯动"指的是一个或几个球员移动到一定的区域，目的是引开对手，并为队友的个人行动开辟一个空档。通常，这种"跑位扯动"的战术可以为控球球员的行动提供活动的自由，或者为在对方球门前占据有利地形的球员提供活动的自由。在实施"跑位扯动"的战术时，球员的跑位必须要足够让人信服，这样可以让对手也朝自己跑动方向移动。但是必须要指出的是，这种跑位必须达到一定的"理想速度"，否则过于快速的跑位不但不能引开对手，反而只是将对手摆脱而处于空位。

在球场的局部区域制造人数优势。当进攻球员不能在与对手一对一的对抗中取胜的时候,他的一个队友可以移动到该区域,在此形成人数上的优势,这一优势可为战胜对手创造有利条件。

突破、跑位扯动和制造人数优势,这些技术的多次综合运用称为战术机动,进攻球员的战术机动越是积极,进攻的效果就越佳。因此,战术机动是高水准球队的必备特性。

练习示例

1. 组织甲乙两支球队进行对抗训练。两队之间的距离为8—12米,在每队前两米处标出自由区域线(图182)。其中甲队的第一位球员 B 用脚内侧,向乙队踢地滚球之后并跑到乙队的队尾。然后乙队中站在最前面的球员 A,突破到自由区域线外的 A₁ 处接球并将球传给甲队的第二个突破球员,自己跑到甲队的队尾并以此类推。

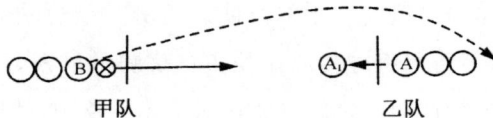

图 182

2. 在场地上以7—9米为三角形的腰画出等腰三角形,在顶角处安排球员 A,在中部安排防守球员,在靠近三角形底边安排球员 B。防守球员阻挠从 B 到 A 的传球,但是他不准离开三角形也不准把脸转向 A。而球员 A 为接球可从左路或右路突破(可出三角形区域范围之外)(图183)。要轮流交换练习的角色。

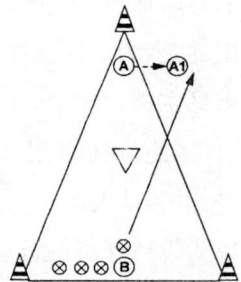

图 183

3. 球员成对练习。两名搭档在场地上移位,并按一定的顺序完成纵向传球和斜向传球,同时再移动到自由位置(图184)。球员 A 完成横向传球给球员 B 后,迅速跑到位置 A₁,球员 B 接球后将球传到位置 A₁,然后迅速跑到位置 B₁,以此类推。

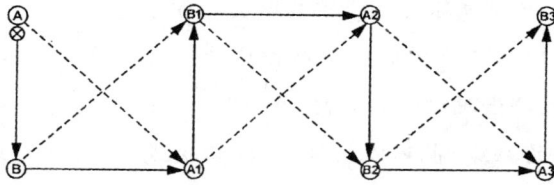

图 184

4.在场地上画出边长为 15 米的正方形,安排 6 个球员,其中两个作为主要球员,其余完成相互间的传球,并突破到自由区域。他们触球次数是有限定的,只允许三次、二次或一次触球。出现传球失误或将球踢出正方形边界的球员将被主要球员中的一位替换。

5.将球员分成左右两队进行分组练习(图 185)。站在右侧队伍的球员持球,站在队伍前列的球员 A 带球到障碍物①处,同时站在左侧队伍前列的球员 B 急速前进,跑过

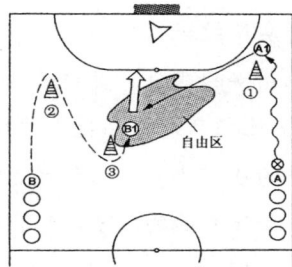

图 185

障碍物②,越过障碍物③突破到自由区域接住球员 A 传来的球、得球后起脚射门。完成练习的球员跑到另一支队伍的末尾,然后轮到第二个球员练习,并以此类推。过一段时间后再由右侧队的球员进行射门练习。

6.在场地上画出边长 10—12 米的正方形,三个进攻球员互相传球,防守球员试图触球,进攻球员应不断的移动,两个无球的球员应该力求突破,以求在队友控球后具有两种传球方案。踢球时可以无限的触球,或者只允许三次、二次或一次触球。

7.在场地上画出边长 12—15 米的正方形,两个进攻球员同两个防守球员进行对抗。在这种情况下每个球员都有自己的对手,未控球的进攻球员的任务是在快速冲击下用假动作摆脱对手的防守,进行突破并准备接队友的传球。防守球员的任务是紧盯对手不让其具有空位。当防守球员得到球后他们与进攻球员互换角色。

8.在规定的场地内设立两个由立柱组成的球门,两队进行比赛,每队

两人,再加上一个中立球员 H。中立球员负责帮助控球的队。中立球员接球可帮助控球球队更容易控球,更轻松摆脱对方的盯防(图186)。操练时可以无限的触球,也可以只限三次、二次或一次触球。

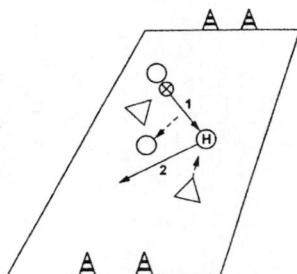

图 186

9. 在场地上画出边长 15 米的正方形,四个进攻球员和两个防守球员进行对抗练习。球员经常利用空档,采用横向、纵向、斜向传接球,从而实现控球的目的。防守球员在触球后转为进攻队,而代替他的则是犯失球错误的球员。具体方法是:进攻球员占据正方形场地中的四个角落位置,他们只允许在自己的角落范围内移动,而防守球员可以在正方形场地中的任何地方自由移动。此时控球的球员原则上有三种传球方案:传给他左面和右面的队友,以及传给对角线上的队友(图187)。

10. 在场地上画出边长 15—18 米的正方形,4 个进攻球员同 3 个防守球员进行对抗。像上面的训练那样,当然第三个防守球员的参加会使进攻复杂化。因为,此时需要更快进入空档,要让防守球员更猝不及防。

11. 两组球员在场地中线附近站成两列(图188)。进攻球员 B 和盯防他的球员位于罚球区。球员 A 开始向球门运球到 A₁ 的位置,进攻球员 B 为了诱开盯防球员,从罚球区的中心位置移动到一边,将盯防球员也引到这边。左侧队列中的首位球员 Б 此时进入空闲区,他负责接球员 A 的传球,得球后,由他实现射门任务。此后球员 A 和 Б 相应的跑到左右队列的末尾。

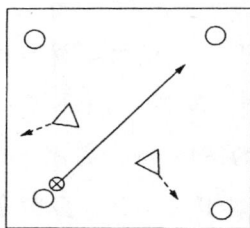

图 187

图 188

12. 球员带球在球场中线右侧站成一列(图189)。防守球员站在罚球区线边。球员 A₁ 带球前行,防守球员向他发起进攻,阻止他进入罚球区。球员 A 出其不意的出现在队友 A₁ 的左侧,在这个区域形成数量上的优势,球员 A₁ 向球员 A 传球。如果防守球员明白了球员 A 的目的并试图将他防死,球员 A₁ 就有了带球进入罚球区的绝妙机会。

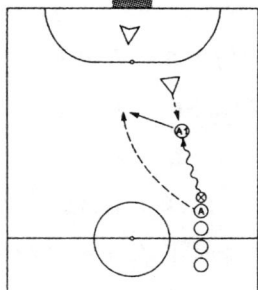

图 189

传球(助攻)。能够将球及时准确地传递给队友的球员为自己的球队提供宝贵的帮助,这种传球可以帮助队友冲破对方的防守而进入射门位置,或者直接将球射入对方大门。当然,影响传球效果最首要的因素就是球员的技术水平。但是对于评估队友及对手在球场上的站位布局以及作出快速反应的能力在这一层面上也是相当重要的。

在室内足球赛中可采用多种传球方法。他们的区别在于力量(球传向队友的力量)、距离(短传、中传和长传)、目标(传到队友脚下、队友跑动途中、直接射门)和方向(纵向传、横传和斜传)和线路(低平弧线球、高弧线球)。

练习示例

1. 将球员分成几组。队友之间距离 3—4 米站立,并轮流完成两次触球传球。

其他方案:同样的传球,但是只允许一次触球。

2. 两人一组练习。队友之间距离 5—6 米站立,轮流向前跑动,一到两次触球,完成传球。

3. 多个球员站在直径 8—10 米的圆上,并完成相互间的传球(图190),相邻的球员不许传球。传球可以在三次、二次、一次触球中完成。

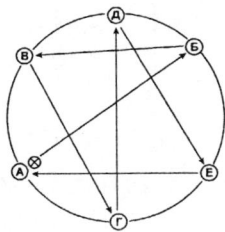

图 190

其他方案:用两个球进行训练。

4. 四个球员站在正方形的四个角上,第五个球员 E 站在正方形中间的位置(图191)。受训者的任务是传球给队友后,立刻冲向队友所在的位置,占据他的站位。例如,球员 A 传球给球员 E 后应迅速冲到球员 E 的位置上。以此类推。练习可以是顺时针也可以是逆时针进行。

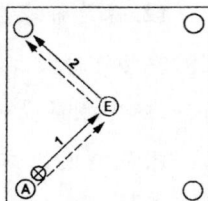

图191

5. 球员 A、Ц、Б 三人一组练习(图192)。球员 A 和球员 Б 在向前跑动时,将传球给中间的球员 Ц,练习可允许一次触球或两次触球。

6. 球员分为两队完成传球。两队之间距离为 6—8 米,彼此面对面。其中一队的首名球员将球低传给站在对面另一队的首名球员之后,自己跑到本队队尾(图193)。这种传球可允许两次触球(脚下接球并用脚内侧传球),然后再完成一次触球练习。

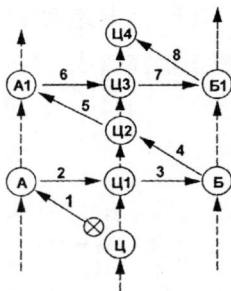

图192

图193

7. 球员三人一组练习。球员按 8—10 米的间距站成一排,球员 A 传低球给球员 Ц,球员 Ц 转身 180 度将球传给球员 Б,球员 Б 接球后,再次将球传给球员 Ц(图194)。球员 A、Б 通过两次或一次触球完成传球,而对球员 Ц 没有这种限定,球员 A、Б 定期与球员 Ц 互换。

图194

其他方案：球员 А 和 Б 向队友 Ц 传高空球。

8. 四人练习。球员 А 和球员 B 在正方形内分别同时传球给球员 Б 和球员 Г（图195），球员 Б 和球员 Г 用脚内侧停球后，进行第二点接触，同样在正方形内传球给对应的球员 А 和 B，并以此类推。在掌握了传球训练技巧后再进行一次触球的不间断的练习。球员们经常转换传球方向。

9. 在场地上画出边长 8—10 米的正方形，正方形正中安排一名球员 Ц，其他四名球员站在正方形边线之外（图196），他们在不跨越四条边线的情况下完成相互传接球，所有的传接球都应经由正方形场地，场地中央的球员 Ц 快速移动抢球。如果抢球成功，则可占领失误球员的位置。练习应一、二次触球完成。

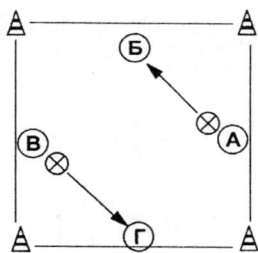

图 195

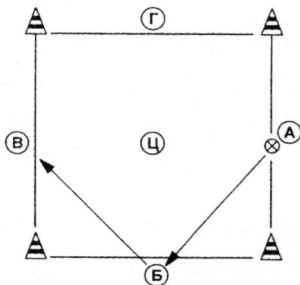

图 196

10. 训练的球员分成甲乙两个纵队，两队间距为 10—15 米，其中甲队的首名球员持球，他向乙队的首名球员发低平球并迅速追赶球，从而再次通过一次触球来进行短传。传球后，他将球交给乙队的首位球员，自己再跑到乙队的队尾。然后乙队的首个球员再将球传给甲队的第二个球员，传球后，再跑到甲队的队尾，并以此类推。

11. 练习基本同上述一致，不过在中间安排两个球员 B 和 Г。双方的首名球员分别传球给站在中间的某个球员，并在同向得到力量较小的回传球。得球后，再传给对方的二号球员，此刻要传力量较大的低平球，传球后快速跑到队尾（图197）。球员需要注意的是传球节奏。

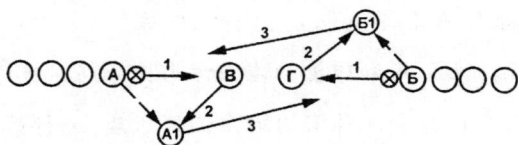

图 197

其他方案:向对方球员传高空球。

12. 球员分成两列纵队,队伍间的距离为 15—25 米,其中一队的首名球员传低平球给站在中间的球员 Ц,自己向前快速跑动,目的是获得球员 Ц 的短传(图 198)。得到传球后,球传低平球给对方球队的首名球员,自己跑到对方的队尾。现在将球传给 Ц 的任务交由对方首名球员来完成,并以此类推。

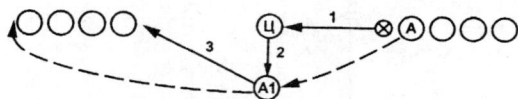

图 198

13. 四人练习。球员二人一组排在长 16—12 米,宽 8—10 米的矩形的对边上。持球球员 Б 大力发低平球给站在矩形场地对面的队友 B,球员 B 用脚内侧停球后,再把球传给球员 Г,同时向场内斜向跑动,球员 Г 再回传(斜传)给球员 B,球员 B 向球跑动并大力将球传给站在矩形场地另一边的球员 A,以此类推(图 199)。

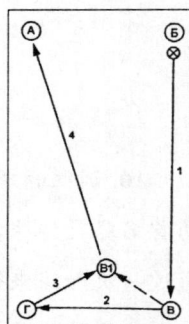

图 199

其他方案:由矩形对边的队友传高空球。

14. 球员分两个纵队面对面分别站在 6 米的标志线外。球员 A 持球,在场地中央安排后卫 Ц,在中场线距离边线 2—3 米处是球员 P1、P2 的位置。球员 A 带球前进,将球传给充当接球角色的 P1 或 P2,后卫 Ц 试图阻挠传球,但是其获得范围只能在中线附近。球员 A 在接到回传球之后,将球短传给站在对方队伍的首位球员 Б,自己跑到对方的队尾(图 200)。这一练习结束后转为反向练习。接球球员 P1 和 P2 可以互换位置以迷惑后卫Ц。

15. 三人一组练习。球员站在一条直线上，最两边的球员 А 与 Б 之间的距离为 18—20 米，他们中间站着球员 Ц。球员 Ц 传低平球给球员 А，球员 А 一次触球传高空球越过球员 Ц 给队友 Б，而球员 Б 通过一次触球将球转传给球员 Ц，球员 Ц 再传低平球给球员 Б，球员 Б 再传高空球给队友 А，并以此类推（图201）。球员 А 与 Б 定期同球员 Ц 转换角色。

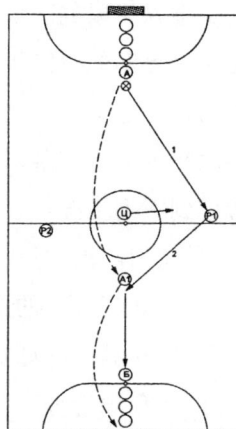

图 200

带球突破与假动作。如果控球球员被对手阻挡着，从队友处又得不到支援，则控球球员可以沿

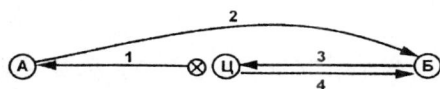

图 201

着球场的边线或斜穿过球场运球，这样就可以为队友突破到空位创造条件，或者为自己带球到球门前射门创造条件。当然，控球球员应该知道，无球球员移动的速度比自己快得多。因此，当无法将球传到位置更好的队友的脚下时，就应该自己控球。如果球员很难传出球，不停地向后带球，这种不正确的行为会使队友们使不上劲，从而影响进攻的展开。

单个对抗防守球员的阻拦的重要手段是运用假动作。掌握多种假动作的球员有能力加强自己队的进攻。除此之外，在室内足球中，将球射进对方球门往往是成功的运用了假动作，骗过对方后卫。使用假动作并不是最终目的，而是应该以在进攻区构建对对手形成的人数优势来战胜对手为目的。在对方半场，特别是在罚球区，最适合运用这些个人战术动作，而在自己半场，这些迷惑性的动作往往会导致自己球队的失球。

射门。直接攻克对手球门的重要的个人技术动作。包括守门员在内的室内足球队全体球员都应该熟练掌握射门，这是完全有道理的。如果在进行室内足球赛时没有对对方球门的猛烈轰炸，没有各种距离的多种射门这是难以想象的。但是在这一点上远非如此简单。常有这样的球队,拥有比对手更多的射门机会,但是却不能赢得比赛的胜利,是什么导致这么差的结果?这里一个重要的原因就是在战术上射门动作的单一性,结果最后在比赛中无法获胜。因此在训练球员个人射门动作的基本技术时,应首先考虑到下列情况:

一、射门前,进攻球员应该预先瞬间判断一下守门员的站位;

二、射门方式的选择应考虑场上局势(脚背、脚内侧、凌空抽射等等);

三、在具体的球赛中采用最有效的射门方式(准确度、力度、低平球、高空球、远角球等等);

四、在任何情况下,最好能采用对守门员以及后卫出其不意的射门。

练习示例

1. 在墙上标出几个目标(圆形、正方形等),球员从墙壁前6—8米处助跑射门,将静止的球踢到墙壁目标内。进行射门的球员首先选定射门的具体目标。

其他方案:在运球后完成对目标的劲射。

2. 球员在球场中央排成一排。在队伍前方安放五个间距为2米的柱子,每个球员都持有一球,按顺序带球蛇形绕过柱子,在距球门7—8米处起脚射门,球门由守门员把守。

其他方案:训练内容相同,但是队伍安排在侧面,柱子在球门的对角线上。

3. 球员在球场中央排成一排。教练员带球站在队伍前6—8米处,并向边线移动。教练员先发低平球到10米处的标杆处,球员按顺序助跑接球,快速将滚动的球射到规定的球门某个部位。教练员不断改变自己的位置,从一侧跑到另一侧。

4. 教练员背对球门站在距离球门8米处,球门由守门员把守。安排球员排队站在距离球门12—15米处,每人都有球,按顺序投向教练,教练员在接球后从右面(或左面)抛出有力的高角度的弧线球,让球员进行凌空射门。

5. 球员在距球门8—10米处站成一排。两个进攻球员持球站在两个门柱旁,两人交替投出高角度弧线球,每名球员从队伍中跑出后凌空射门。球的飞行弧线逐渐降低。

6. 在距有守门员的球门8—10米处并排放置6—8个球,球员站在球后,最右边球员从右边助跑并用右脚射门。在第一个球员完成射门后,略作停留,再由右边第二位球员完成射门,并以此类推。当所有的球员都完成射门后再练习从左侧用左脚射门,以此类推。

其他方案:站在最右侧的球员助跑用右脚射门,再以同样的速度助跑从左侧用左脚进行射门,这种持续行动,就像钟摆一样左右摆动将所有的球都射入球门。然后,再由下一位球员完成同样的练习,并以此类推。当所有的球员都完成练习后,核算一下他们谁进的球多,并且计算一下谁完成这个系列动作所用的时间最少。

7. 球员在球门对面18—20米处站成一排,教练员带球站在旁边向球门的方向踢出低平球,首个球员迅速得到球并射入有守门员把守的球门,其他球员依次练习,以此类推。

8. 球员在场地一侧站成一排,每人一球,按顺序向前带球,到达预设的目标,在接近尖角处射门。在距门柱1米处,踢进规定的球(图202)。当所有球员都完成了3—4次练习后,再到另一侧完成类似练习。

其他方案:在近球门处,安排守门员,球员尽量完成对远角的射门。

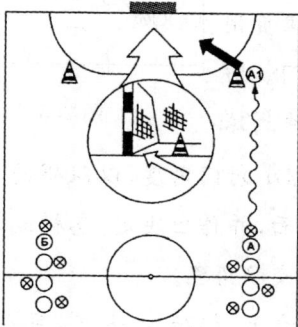

图202

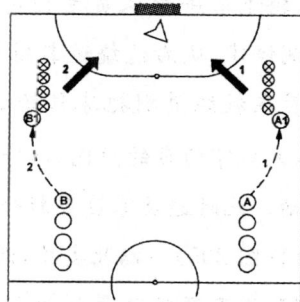

图203

9. 在距球场边线1—2米处，4个球一字排开，间距1米。甲乙两组球员分列纵队站在场地中线附近(图203)。甲队的首个球员A助跑，从离最近的一个球开始，用右脚完成一连串(所有的球)的射门练习，射门动作要求快速并有节奏感，待一系列动作完成后，乙队的球员以同样的动作，用左脚针对左侧所有的球完成一连串的射门练习，以此类推。球员轮流交换两侧位置。

10. 球员站成两个横队，他们占据从罚球区交叉线到扇形角的区域。球门处有守门员，教练员带球在球门对面10米处大力踢出低平球到6米标志处(图204)，右侧横队的首名球员A快速跑出，背对球门接球，转身180度射门，动作完成后，快速跑到队尾。教练员传球给第二队的首个球员，并以此类推。

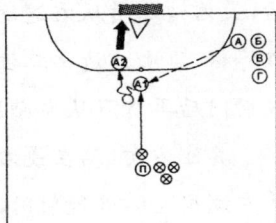

图204

其他方案：①教练员向6米标志处发出高弧线球，突破球员用胸部停球，并转身180度，完成射门。②后卫站在罚球区里，他的任务是拦截球员转身后的射门，一开始后卫消极防守，但是，随着球员对训练内容的逐渐掌握，后卫转为积极防守。

11. 球员站成相距10—12米的两列横队，面对面站立，站立在距球门近的一队球员为防守一方，站在距离球门较远的一队球员为进攻一方。教练员在距离球门8—9米处持球面向进攻球员站立，轮流给进攻球员发出地滚球，接球球员用脚内侧停球，从右边绕过教练员快速地射门。防守队员在教练员刚把球传给进攻球员就冲到球门线，充当守门员的角色，防守进攻球员，缩小射门角度，以阻碍进攻球员的行动。此时进攻球员重新分析当时的场面，并作出决定，怎样或者朝哪儿射门(图205)。以此类推，两队球员轮流交换角色。

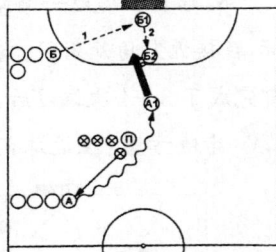

图205

12. 甲乙两队球员列纵队站在场地中线上，相距6—8米，每人一球。距离球门柱2—3米处安排两个球员B和Б站在球门线上，球门有守门员。

其中甲队的首位球员 A 向球门方向带球,大力传低平球给门柱边的球员 Б,然后迅速向前跑动接球员 Б 的传球完成射门(图206)。接下来另一队的首名球员开始练习,以此类推。为了使球员的左、右脚都得到射门练习,甲乙两个队轮流交换位置。

13. 三个球员在球门前10—12米处成三角形排列,球员 A 在站成一排的队友 Б 和 B 后不远处。球员 A 传低平球给球员 Б,球员 Б 一次触球并横传给球员 B,这时球员 A 快速跑至球员 Б 和球员 B 之间接球员 B 的传球,并完成射门(图207)。球员轮流交换角色。

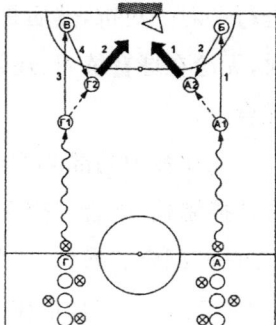

图 206

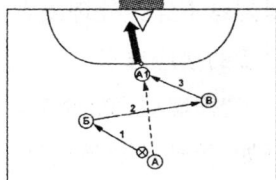

图 207

集体进攻战术系同队的几个球员在球场上互相配合,试图完成指定的任务。在教授中小学生室内足球课程中,建议从个人战术行动的掌握到最简单协同作战的战术配合(两个队友之间的配合),逐渐转变为三个队友之间的相互配合,如此一来,在室内足球赛中,控球队的运球有赖于球员之间的相互配合,这种配合就是几个球员的集体战术配合。

配合分为预先准备的配合和临时组织的配合。预先准备的配合适合中小学生们在课堂上学习,而第二种则要在比赛过程中形成。所有的配合都要在传球和迂回前进的帮助下完成。它们的效果取决于球员的身体素质、技术技能的准备,以及踢球的创造性,当然也取决于与队友们的默契配合。无论是比赛性练习,还是正式比赛都要完成配合。学生小组学习配合战术时,建议从没有防守队员开始,或者可以用特殊标志物(障碍物、填塞的球等等)来充当防守者。

当要全面地掌握各种配合时,可以运用下列方式:一个防守球员防两个进攻球员的练习,或者一个或两个防守球员防三个进攻球员的练习。一开始防守球员应该假装与进攻球员抵抗,逐渐地转变成使用50%的体力进行一对一对抗,然后是全力的一对一对抗。随后,当学生已经学会配合时,无论在球赛练习,还是在正式比赛中,应该学习并掌握更为复杂的战术配合。

在比赛中局部的配合是两名或三名球员相互间的配合,像"二过一"配合、"撞墙式"配合、"交叉掩护"配合属于两名球的相互配合方法,而"连续二过一"配合、"换位"、"漏球"属于三人进攻配合方法。

"二过一"配合是在两个球员之间进行的配合,通常运用这种配合是为了达到实施的进一步渗透以更有效地进攻。这种配合方法的实质是,球员得到球不经过处理或者通过两次传球,把球传给自己的一个已突破到空档位置的接应球员。

"撞墙式"配合是两名球员的相互配合。例如,控球球员接近队友(或者快速迎着队友跑去),出其不意地瞒过对手传球给接应队友,而自己向前猛冲至空位处或者跑到对手的背后,队友起到墙的作用,通过一次触球把球射出。回传球时,目的是在空档的球员能够不减慢跑动速度的同时又能接应到球(图208)。

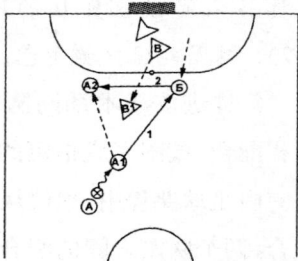

图 208

这个配合方法,虽然从表面上看是非常简单的,但是却是非常有效的,常常会使对手不知所措。同时要完成"撞墙式"配合,要求队友的行动理智、快速和准确。这个配合方法可以成功地运用在室内足球的任何比赛实践中。然而,在严密的防守下,要完成这个配合非常困难,要求球员在行动中要协调一致。

"交叉掩护"配合要求在两名球员之间要有非常好的一致性,在运球时要互相交叉换位。其中的一个球员在离对方球员较远的地方运球,在交叉的时候,对方球员不

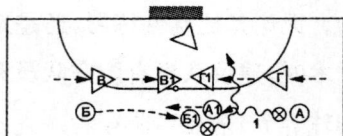

图 209

易判断出究竟将由谁持球。这个配合可以在赛场上任何位置运用,但是"交叉掩护"配合常常被用于接近对方罚球区。

在图 209 中进攻球员 A 横向运球与队友 Б 贴近，他们在6 米的标志物附近相遇，稍作停顿，继续向原来的方向运动，下一步，控球的主动权仍由持球球员 A 掌握。如果防守球员 B 紧紧逼住进攻球员 Б，并跟在其后面，那么球员 A 就得到了个人行动的极好机会。如果防守球员 B 没有防住球员 Б，那么球员 A 在稍稍停顿中，把球传给队友 Б，队友 Б 就得到了行动的自由。这种两个球员的互相配合还可以有其他的变体。例如，尽管进攻球员 A 身旁跟着防守球员 B，球员 A 仍把球运到对方的罚球区内，他的队友Б 虽然也由防守球员 Γ 看管，但是仍与球员 A 交叉，在他们交叉行进时，球员 A 将球交给队友 Б 而自己不带球继续向前跑动，球员 Б 控球后摆脱紧随的防守球员 Γ，快速跑向对方的罚球区（图 210）。

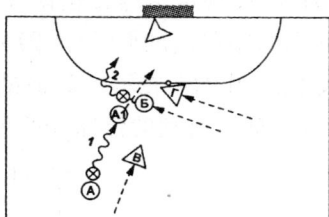

图 210

"连续二过一"配合是通过三个球员的合作来完成的。这种配合方法的特点是三个球员的相互配合传球可以从不同方向完成。这种"连续二过一"配合在室内足球运动中，可用于出其不意地改变进攻方向，赢得时间改变站位或者重新组织进攻。图 211 中所示就是这

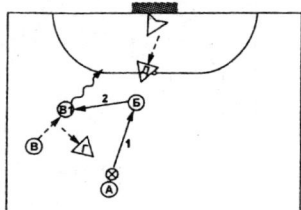

图 211

种配合方法。这种方法可以有几种方案：球员不改变原有位置；改变原有位置；带有假动作。

"换位"配合指的是当进攻球员在这一区域诱开拦截他的防守球员后，让队友从原先的区域交替到这一区，从而突破对方球员的防守。这种配合可以在比赛场地的任何地段运用。几种配合方法的结合能够帮助球员向

对方球门推进,并且在比赛场地上形成人数优势,这样就为进攻提供了机会。图 212 所示是"换位"配合的方法,进攻球员 A 把球传给队友 Б,当对手 Г 试图向球员 Б 逼近时,球员 Б 传球给队友 B。同时,球员 A 立刻在侧面快速向前跑动接球。如此一来,在这次配合中,在球员 Б 和球员 A 之间发生了位置改变,运用这个配合方法,使球员们获得了行动空间。

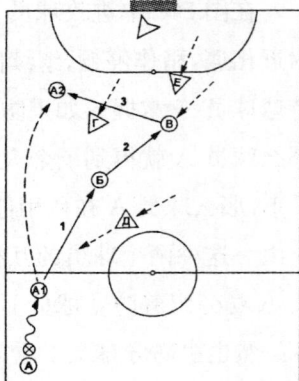

图 212

"漏球"配合可以在边线进行侧面进攻和大力纵向传球时运用,同时也用于对方球门前区域。图 213 中的球员 A 带球沿着边线前进,对方球员 Г 迎上防守。球员 A 快速把球传给队友 Б,然而防守队员 Д 正在紧盯着球员 Б,球员 Б 做试图射门的假动作,隐蔽地漏球,此时队友 B 突破到右侧,获得射门的良机。图 214 展示了类似的配合方法,但是这里的配合是从球场中线到对方罚球区有利的传球开始的。

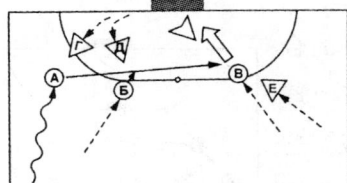

图 213

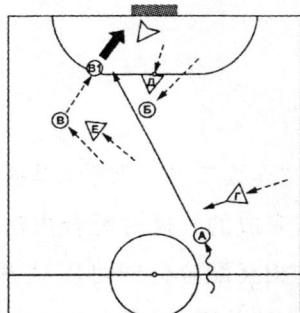

图 214

练习示例

1. 两名球员平行地向前移动,通过一次或两次触球,轮流按对角线传球(图 215)。根据球员训练的程度,完成练习的条件可以改变。例如,传球可以在 3—5 米或 6—8 米内完成,也可以在慢跑或快跑中完成。

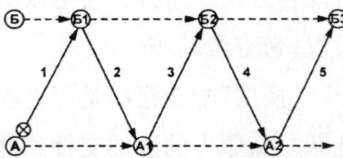

图 215

2. 球员两人一组练习纵向和横向传球的配合。两人相距6—8米,平行地沿着球场的边线跑动。球员A横传球给球员Б,而自己沿着对角线快速跑到球员Б前方的区域,球员Б在接到球后,把球向前踢到平行于边线的侧面,然后跑到对角线另一面。球员A沿着平行于边线追赶上球,侧面把球传给队友Б,然后沿着对角线冲刺到队友Б的前面。队友Б接到球,再次纵传给球员A,以此类推(图216)。

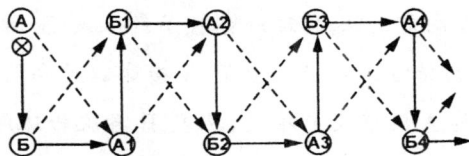

图 216

3. 四个球员站成边长为15—18米的正方形。球员A踢低平球横传给队友Б,球员Б同样踢低平球沿着对角线方向传球给队友Г,球员Г将球返回给球员A。然后球员A沿对角线传球给队友B,队员B传球给队员Б。而这次轮到队员Б沿着对角线传球给队员Г,并以此类推(图217)。队员最初练习时两次触球完成练习,然后根据配合熟练程度逐步改为用一次触球完成传球。

其他方案:对角线的传球采用高空球。

4. 球员两人一组练习。球员A运球,贴近队友Б。传球给队友Б之后,球员A快速冲到空档(立柱的后面阴影部分)接队友Б的传球(图218)。两人轮流互换角色。

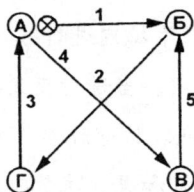

图 217

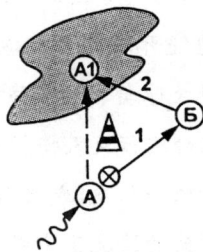

图 218

5. 球员站成相距大约 15—17 米的两队(图 219)。两队的首名球员 A 和 Б 向前运球,两人分别向球员 Ц₁ 和球员 Ц₂ 方向传球,球员 Ц₁ 和球员 Ц₂ 分别处于距离纵队 7—8 米的地方,稍稍向外侧移动一点。两队的首名球员 A 和 Б 在接到回传球后一次触球,分别将球传给突破到右侧的对方球队的第二名球员,而自已则快速跑到对方球队的队尾,以此类推。

6. 三名球员 A、Б 和 B 练习"撞墙式"的配合方法。防守球员 Γ 和 Д 负责防守。球员 A 向前运球,传球给突破了的队友 Б,防守球员 Γ 上前拦截,球员 Б 又把球回传给队友 A。球员 A 接球以后向前运球传球给跑近的队友 B,然后球员 A 继续向前推进,队友 B 再次传球给球员 A,球员 A 一次触球把球射向大门(图 220)。队友之间轮流互换角色。

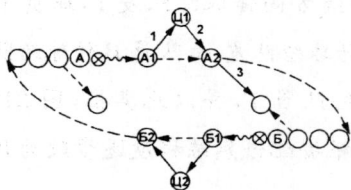

图 219

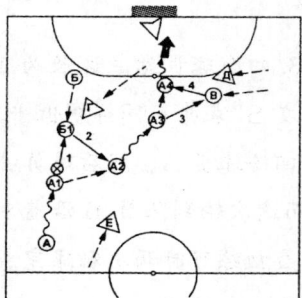

图 220

7. 三人一起练习。一人是进攻者,一人扮演"墙"的角色,第三个人是防守者。进攻球员持球逐渐贴近防守球员,他的队友与他平行地跑动。队友掩护进攻球员,进攻球员做假动作不是用脚背外侧传球给队友,而是进攻球员越过球,用支撑腿向上跳跃,用击球脚内侧稍稍处理球,然后迅速从防守球员旁边绕开继续向前跑。配合的两人轮流地互换角色。

8. 两名进攻球员和两名防守球员对抗,在半场内进行练习。进攻球员的任务是寻找机会进行交叉掩护配合并最后射门。当进行交叉掩护配合时,控球球员或者传球给队友,或者假装传球给队友。防守球员消极防守,让进攻球员在没有拦截的情况下完成任务。防守球员和进攻球员轮流交换角色。

9. 球员练习"漏球"配合方法。球员在 10 米线标记处站成一排。球员

A 和球员 Б 互相传球,两人的传球距离是 2—3
米。球员 A 在其中的一次传球时出其不意地在
两腿之间把球漏掉,在球员 A 旁边的队友 B,快
速跑去控球,接球并运球到目标之后射门(图
221)。相互配合的两名球员轮流地互换角色。

其他方案:球员 A 和 Б 站在距离 6 米标记
处的对角线处站成一排,而球员 B 站在 10 米标
记处。

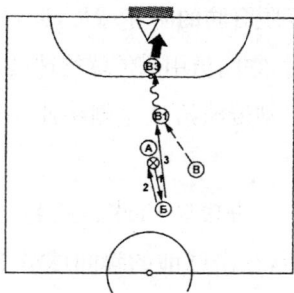

图 221

10. 球员练习"漏球"配合方法。球员 Б 和
球员 B 在罚球区前,面对面相距 3 米站立,球
员 A 站在距离球门 9—10 米的位置。球员 A
传低平球给球员 B,球员 B 再把球传回给 A,
球员 A 再次把球传给球员 Б,这样反复进行几
次传球。其中的一次球员 Б 要出其不意地在

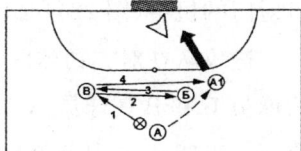

图 222

两腿之间把球漏掉,球员 A 快速地跑向他的后面并射门(图 222)。配合的
两人轮流地互换角色。

在标准场地比赛中的配合在室内足球中
非常重要,这些配合在守门员第一脚起脚踢
球、罚球、任意球和角球时都要用到。这些配
合方法使进攻球员能够首先占据有利地形,能
够攻克对方球门。当然,这并不意味着,所有
的在标准场地比赛时的配合都是千篇一律的。
进攻球队必须考虑到对方的防守战术,对方球
员的个人能力和自己队里球员的技战术水平
等因素,才能创造性地运用这些配合,从而在
此基础之上取得最终胜利。下面我们来看几
个这样的配合方法。

守门员开球(图 223)。当球员 A 做假动作

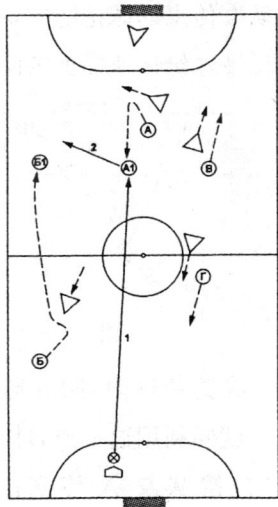

图 223

摆脱盯防的防守球员,迎着本队守门员迅速跑动时,守门员用脚传球给球员 A。球员 A 接球之后,立刻传球给从左侧快速贴近的无人盯防的球员 Б。

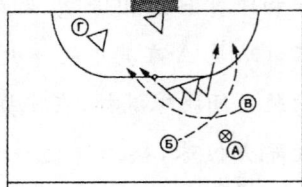

a

进攻队罚球。三名防守球员组成防守人墙,在击球前的瞬间球员 Б 和球员 B 从人墙两边的球员旁边交叉跑动(图 224—a),这就为球员 A 的前面开辟了在球门左角或右角通过缺口射门的机会(图 224—б)。

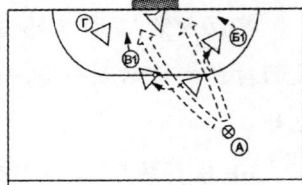

б

图 224

进攻队在对方罚球区附近踢任意球。进攻队球员 Б 和 B 在球员 A 罚球时,直接站在人墙前面。当球员 A 向前助跑时球员 Б 和 B 进行交叉跑,以此迷惑防守球员。球员 A 假装有力地射门,而实际上只是传低平球给突破到空档的球员 B(图 225)。

角球练习。球员 A 发角球,队友 Б 快速跑向赛场角落扇形区,好像要接队友传来的球把防守球员引诱到自己的一边,但其实球员 A 只是大力传低平球给快速插上的队友 B,而 B 可用左脚射门(图 226)。

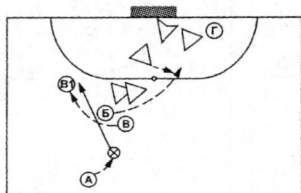

图 225

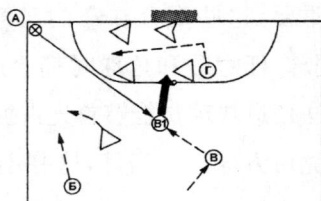

图 226

在罚角球时,防守球员分散布防,进攻球员就要利用这一点,球员 Б 快速冲至罚球区内,接队友 A 传来的球立刻射门(图 227)。

从边线旁边传球的配合方法在很大程

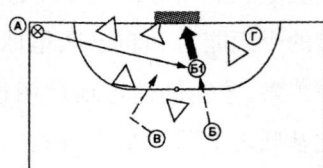

图 227

度上与角球的配合相似,特别是在罚球区附近进行边线传球时的配合。区别是在比赛时运球的地点不同。

五人足球的整体进攻战术行为分为两种——快攻和区域进攻。快攻的实质是,当成功地阻截对方的进攻后,利用对方的球员来不及组织防守,反击方的球员带球快速向对方球门进攻。这种进攻既依赖于将球长传给站在前面的队友和快速向对方的球门方向跑动的队友之间的几个快速传球,又依赖于球员个人的抢断球能力。这种进攻的突然性和高速度使对手出其不意,没有时间布署力量进行防守。当球队在比赛过程中一方球员突然从对手中断球进行反击时,这种快攻的成功率更高。自然也不排除在标准场地比赛中组织这种进攻的可能。

快攻包括三个阶段:开始进攻,进攻过程和结束。

在教授室内足球小组的学生学习快攻时,建议从掌握所谓的摆脱开始。球员在学习刚开始时不需要防守的对抗,仅仅练习与队友和守门员的相互配合。在后来的练习中,逐步加上防守队员,但防守队员最初不要用全力。

区域进攻适用于对手完全退防并组织集体防守的时刻,进攻队所有的球员都要参加到系统进攻,来对抗这种有组织的防守。与快攻不同,队友要跑动到有利的位置,而且需要大量的传球来帮助,这就使进攻球员能够长时间控球。与此同时,配合的完成还要依赖于短传和中距离传球,其中一部分是球场上的横传球。这种配合方法要与本队球员个人的出色球技相结合。如此一来,就为攻克对方球门创造了先决条件。从总体来说,为了实现区域进攻,应该预先制定出进攻球员的固定阵形。

中学生学习区域进攻时,首先要从学习赛场上的阵形排列和球员的作用开始。掌握这些之后,学生学习带有中锋进攻的战术体系和没有中锋进攻的战术体系。在第一种情况下,中锋就是向前跑动控球的球员,是全队进攻行动的关键,这样的球员,通常处于对方球门附近的位置,背对着对手,脸要对着自己的队友,在这种位置他有机会接住队友从球场远处传来的球,中锋积极的有目的的向前迂回前进。其他的队友快跑,利用每次机会向中锋传球,原则上每个球员都可以起到中锋的作用。

然而更倾向于让这样的球员当中锋:他们经常对准对方球门,不仅仅善于快速处理球,准确地射门,而且还善于与队友进行良好的配合。

其他球员的主要任务是在比赛中夺球,将球传给中锋,并进入空档(中锋的下面或旁边),与之相互配合。中锋积极地迂回贴近对方的球门,就可以把防守球员的注意力吸引到自己的身上,为队友射门创造条件。当防守球员大部分集中在中场时,中锋应该在侧面寻找一个位置。如此一来,对手被中锋吸引,给自己的队友在球门前创造空间。如果防守球员没有盯着他,那么他就可以接到远处的传球,并与守门员

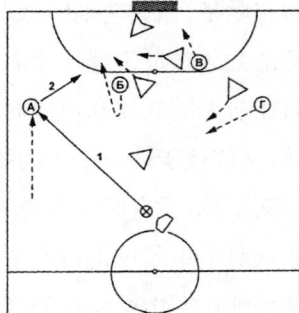

图 228

一对一对抗,或者完成远距离极具威胁性的射门,中锋实际上就是完成了两个球员的任务。守门员也可以积极的参与进攻,可以向前跑动,完成调动员的角色(图 228)。

在比赛时,有中锋参与的进攻队伍可以运用两个基本的阵型:"3+1"和"1+2+1"(图 229)。

"3+1"阵型。当防守球员占据半场,或者他们防守四分之三场时,可用"3+1"阵型。通过球员们积极的移动,进攻球员就有机会变化位置,但又不能打乱球员保持的队形。在横断对方传给中锋的球的情况下,通常剩下三个球员来防守。这种方案使进攻的机会变得更多,同时也保证防守的质量。

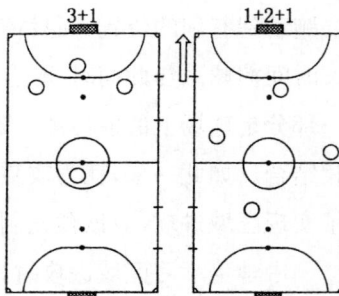

图 229

"1+2+1"阵形。积极进攻,同时在防守中不随意冒险,两名边线球员向前支援中锋,构成了"1+2+1"阵型。此时边线球员应该准备在失球以后立刻回到后场,帮助后位防守。

如果队伍里缺少出色的中锋,在组织进攻时队员就应排成"平行站位"

152

的阵型,或是"2+2"、"1+3"阵型(图230)。这种阵型适用于各种配合方法与球员的个人表现相结合,通过这样的阵型配合,可以冲近对方球门,造成防守空档,这时,其中的一位进攻球员快速跑动进行射门。这种进攻行为要以不同距离的积极射门为前提。

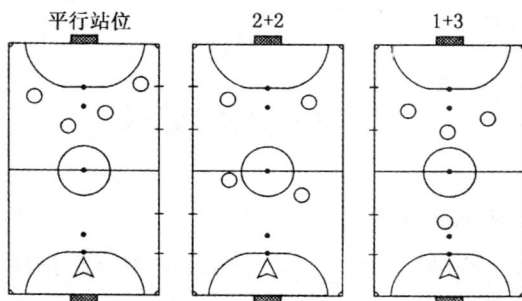

平行站位　　　　　2+2　　　　　1+3

图 230

当球员按"平行站位"阵形排列时,进攻球员像阶梯似的排列,此时的"平行线"并非几何学上的"平行"概念。这种战略布置对组织全队行动是非常合理的。当对方采用紧逼盯人战术时,这种阵形尤为有效。进攻球员把对手吸引到自己身边后,快速跑动,将其甩到身后,使对手的战线拉长,这样就可以使防守球员之间难以互相保护,如果达到这一效果,进攻球员就可借以脱身成为自由球员。

总的来说,这一战术的成功运用必须辅以牢固的控球和所有队友之间的协调一致。"平行站位"阵形的缺点在于,进攻队员如果失球的话,可能会导致回防失败。

"2+2"阵型。如果进攻队伍中有两个经验丰富、速度快的球员,而且他们能够充当"调度员"的角色,基本上可以用"2+2"阵形。如果队伍已经失球,不得不冒险进攻时,也可以使用"2+2"阵形。如果对方已紧逼到自己球门前,在进攻球员中有善于中远距离射门的球员时,用这种阵型布置是非常有益的。但是需要考虑到的是,如果当处于后防线的球员控球,而此时又没有人保护,那么这种角色应该由守门员充当,他要稍微向前跑动。应该注意到处于这一阵型的进攻队伍的球员之间,有时流动性不太强,因为防守线和前面边线之间距离太长,使他们之间的联系变得非常困难。

"1+3"阵形。通常控球队在对手领先,并且离比赛结束只有很短时间的情况下,可以使用"1+3"阵型作为最后的救场方法。在这种情况下,守门员在防守中起到很重要的作用。他应该向前移动,在队友失球的情况下时刻准备保护队友。

防守战术教学

五人制足球中的防守战术是指比赛中防守队所组织的防守行动,它阻止了对方的进攻。在防守的同时,防守队还应该合理排兵布阵,以至可以最大限度地破坏进攻球员之间的相互配合,阻止他们深入到自己球门前的区域,不给他们以射门的机会。同时防守队员应该努力创造条件,从对手中截球,并开始组织自己队伍的进攻。如果对方实力占优势,在防守中选择合理的战术,是非常必要的。

就像进攻战术一样,防守战术有个人防守战术、集体防守战术和全队防守战术。

个人防守要求防守球员有能力与对手进行一对一的拼抢,无论对手控球还是不控球。在这些情况下,最重要的是防守球员在经常变幻的比赛情形下,能够占据盯防对手的最佳位置。由此可见,合理的选位是成功防守的基础。

防守不控球球员。首先要提醒的是,教师在教授室内足球课时,在训练青少年足球球员运用防守战术时,要指出虽然盯防不控球球员看上去效果不是非常显著,但却起到非常重要的作用,应该严肃认真地对待,教师应该经常强调它的重要性。同时也要指出,"控制住"不控球的球员,对盯防控球球员而言,也是非常复杂困难的事情。防守球员应该一方面紧逼盯防,不给进攻的不控球球员以接球的机会,另一方面,应该寻找机会截获传给被防守球员的球。因此,防守球员为了"盯死"不控球的对手,应该经常处在被盯防球员和本方球门之间(稍微偏侧或背对他们),或者在预定传球方向的侧前方,这时防守球员和被盯防的球员之间的距离不是一成不变的,而是根据比赛的情况而不断变化。

防守控球队员。防守控球队员的行为包含抢球、阻止对手传球、控球、做假动作和射门等。这种个人的行为是以运动中的防守战术为基础的,要求被盯防的对手时刻在防守球员的控制之中。通常当对手接到球或在被盯防时,就开始了一对一的拼抢。在这种情况下,对手的注意力主要集中在对方球员的带球动作上,只有一小部分注意力放在战术意识上。在这种情况下,经验丰富的防守队员要尽力从此得到突破,迅速抢球。如果防守队员由于种种原因没有成功抢到球,那么就一定要采用各种办法来阻止带球球员快速向前推进。

对于防守球队而言,最危险的情况是进攻队的球员从罚球区外的不同距离积极地射门。防守球员背对或侧对自己的球门时,通过积极换位来阻止对方射门,这些从某种意义上讲是对控球球员施加的压力。防守球员不仅要把所有的注意力都集中在控球球员的脚上,还要尽力抓住射门球员击球腿后摆时的良机来抢断球,发觉这一机会后,防守队员应立刻迅速贴近进攻球员,并伸出腿接空中飞来的球。

我们来看一下几种防守和盯防控球球员的情况。

防守球员 A 位于离控球球员 Б 很远的地方(图 231)。在这种不利的情况下,通常防守球员不能给予对方压力,这时对方或者射门,或者带球向前推进都是非常危险的。

图 232 中防守球员 A 站在进攻球员 Б 的旁边,球员 Б 没有机会自由地前插到球门前,因为球员 A 的站位妨碍他的行动。在这种情况下,进攻球员 Б 只能把球传给另一边队友 Г 或者将球回传给队友 A 或 B。

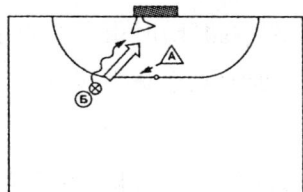

图 231

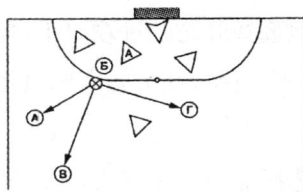

图 232

练习示例

1. 两人一组练习。在相对的两条10—12米长的直线上各设置一个立柱，两人分别站在其中的一个立柱旁边（两人面对面）。其中的一个人以"之"字形向对面的立柱运球。他的队友迅速贴近他进行防守，同时尽量与"运动的"球保持一定距离（不大于1.5m），并一直处于进攻球员和身后的立柱之间。保持同样的距离，两人交换角色，开始向另一方向运动。

2. 几名球员带球在场地中线外侧排成一列纵队。不带球的球员站在6米标志位置上，扮演防守球员的角色。带球的球员轮流向防守球员方向运球，力求绕过防守球员并射门，防守球员可利用不同的选位来破坏他们的进攻。进攻球员与防守球员轮流互换角色。

3. 在由球围成的球门中间构建一个宽2米的小球门。球员分为两人一组站在球场的中线后面，每组都有一个球，每组轮流向球门方向移动。防守球员站在球门与中线之间，目的是阻挡控球球员不使其传球给突破而来的队友。防守队员必须一直占据这样的位置，扰乱控球球员之间的传球并抢断他们的球，控球球员的任务是越过防守球员，从队友那里接球之后直接射门。控球球员与防守球员轮流地交换角色。

4. 几名球员在距立柱10米外站成一列纵队。开球球员拿着几个球站在侧面位置，防守球员站在罚球区的中间。开球球员传球，使得纵队的第一个球员能够向前移动接球并处理球之后射门。防守球员的任务是适时地向前推进，占据使进攻球员不能射门的位置。然后开球球员再将球发给第二名球员，并以此类推。练习过程中可以从一侧，也可以从另一侧发球。

集体防守战术行为用于对抗对方球队的战术配合，可通过以下手段：及时地选择盯防的进攻对手，掩护自己的队友；在盯防时由一个对手转移到另一个对手；几个防守球员围抢控球球员；少数几个防守球员的相互配合。

选择对手。失球后，进攻队转变为防守队，为了本方球门的安全，球员要迅速采取行动。如果球员失球，应该立刻进入反抢中，为此，失球球员应该立刻后撤,与进攻对手站在同一条线上,或者占据可以封堵控球球员向球门贴近的位置。防守队的其他球员的任务是选择自己盯防的对手,在球门附近占据有利的位置不能给他们前插到防守球员背后的机会。如果防守球员不能适时地选择进攻球员会对本方球门造成很大的危险。在图 233 中,球员 Д 在跑动中超过对手 Б,突然截断球员 A 从后场传给球员 Б 的球。在这种形势下,防守球员不能成功地重新排列队形,不能快速选择进攻对手。这样,球员 Г 已经不能封锁住被盯防的对手 E 跑近球门的路线,球员 E 会立刻接到从队友 Д 横截后传来的球。从整体上看,防守球员的位置是过于分散的,并且他们每一个人都处于非常不利的位置。

协防(保护)是一个或几个球员的战术行为,协防队员负责帮助队友防守控球对手。在组织防守行动中,协防(保护)是非常重要的。例如,如果球员防守控球队员形成了一对一的拼抢时,这时负责掩护的球员及时地采取行动就能使出现的危情消失。除此之外,在防守队员靠近进攻对手时,负责协防(保护)的球员也可以给他心理上的帮助。通常负责协防(保护)的球员,较之正在与对手进行一对一拼抢的队员而言,与球门的距离更近,如果负责协防(保护)的球员与进行一对一拼抢的队友在一条直线上,或者在他背后时,就可能造成防守队的球门处于更加危险的处境中。应该注意:当两个防守球员在一条直线上(横线或竖线),那么一般情况下,进攻对手不会有效地进攻,协防(保护)球员也不会有效地进行协防(保护)。

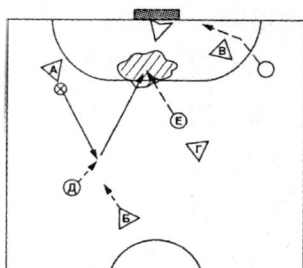

图 233

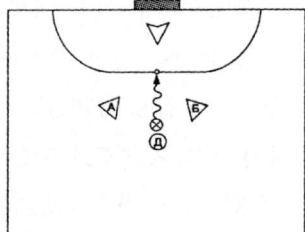

图 234

在图 234 中,防守球员 A 和 Б 一直保持在一条横线上。这种情况对进攻球员 Д 是非常有利的,他将很容易穿越过去并靠近防守队的球门。

在图235中,防守球员A和Б在侧面站成一条纵线,负责协防(保护)的球员Б紧贴近与进攻对手进行一对一拼抢的队友A,此时进攻队员就获得直接插入防守队球门的良机。

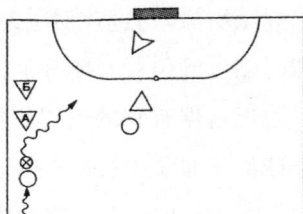

图235

在图236中,负责协防(保护)的球员Б的站位是正确的,他靠近自己的球门,在队友A的侧后方,队友A与进攻队员进行一对一拼抢,如果球员A在拼抢中一旦失败,负责协防的球员Б就可以适时地迎跑上去,堵住进攻球员通向球门的道路。

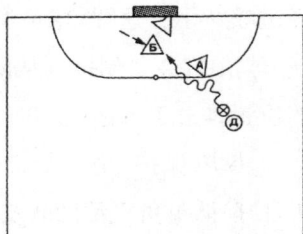

图236

补位是一种防守战术行为,即交换防守位置。最常用的补位是当其中的一个防守球员在防守对方未获成功时,就需要补位。例如,在全场内整队防守对方,然而其中的一个进攻球员(控球或不控球)突然摆脱了防守,此时,靠他最近的防守球员应立刻补空位予以防守,队友则应补位防守没有防守的对手。

在图237中,防守球员Д放弃自己的防守对手A,而此时的A沿着侧边突进,相当危险。防守球员Е补位防守进攻球员A,从而,放弃了进攻球员Б,队友Д则应立刻补位防守进攻球员Б,而球员Ж应当参与协防(保护)防守球员Д。

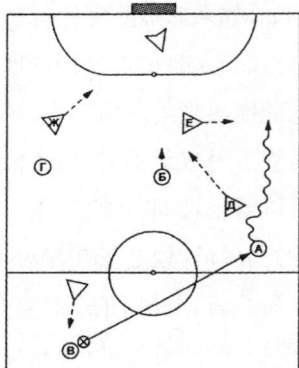

图237

在这种情况下也可以利用补位,即当进攻球员交叉跑,互相交换位置时,防守球员也随之改变自己防守的对手(图238)。

围抢是防守球员间的战术配合。这要求防守球员行动协调一致,有较高的灵活性,当

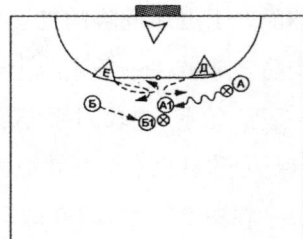

图238

然,要有好的抢截球技术。在室内足球中,当进攻球员交叉跑时,守门员踢

球入场时，或者在边线附近控球时，可采用有效的围抢。当进攻球员在进行交叉配合时，在队友贴近时刻，防守不控球的对手的防守球员，突然积极地转移防守带球的对手（图239）。同样另一个防守球员与前锋果断地进行一对一拼抢。当防守队进行局部防守时，邻近控球球员的防守球员（一个或者两个）开始帮助防守控球球员的队友抢球。图240显示的就是这种场景。

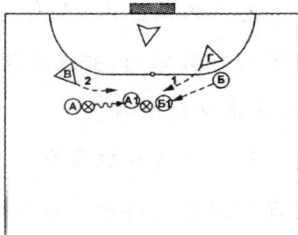

图 239

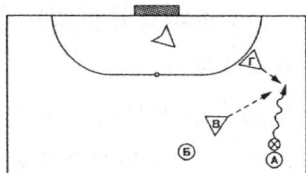

图 240

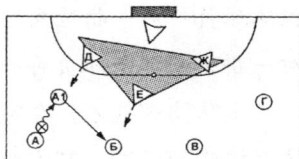

图 241

以少防多战术。在室内足球中当球员被罚下场时，就会采用这种防守战术，此时三名防守球员不得不对抗四名进攻球员。此时对于三名防守球员而言，最合理的阵形是所谓的"移动的三角防控球者阵形"（图241）。在这一阵型中最靠近控球进攻球员的防守球员尽力拼抢，对其施加压力，不给其射门和靠近射门的有利位置的机会，逼其将球传给别人。此时，防守队的其他球员努力分布在其他进攻队员间，目的是阻止进攻球员接球，并同时寻找机会补位到要传接球的前锋那里。紧密地分布并在对方进攻过程中一直保持"移动的三角形"的阵形，"三角形"顶角向罚球线的边界移动，防守球员可以积极地防守自己的球门。每位防守球员的灵活性，三人行动的一致性和与之相应的心理状态都能成为进攻球员无法攻克的强大障碍。

练习示例

1. 三人对三人，在有两个小球门的小场地进行练习。失球球员的任务是立即回防，阻碍进攻球员之间的相互配合。

2. 三人对三人,在有两个小球门的小场地进行练习。失球球员的任务是返回本队球门,并选择进攻球员防守。其中一个防守球员站在队友的后面,完成协防任务。

3. 三个进攻球员和三个防守球员在有一个球门的小场地练习。只有前锋可以射门得分。如果防守球员断球,进攻球员把球踢到对方的半区,开始新的进攻。防守球员的任务是进行严密的防守,位置要在自己球门和进攻球员之间。

4. 练习与上述情况一样,但是这次防守战术不同。在一个防守球员与控球球员一对一拼抢失败的情况下,另一个防守球员补位去防守,输掉一对一拼抢的那个球员再去防守无人盯防的进攻球员。

全队防守战术。在室内足球中的全队防守战术是由一定的比赛战术体系构建而成的。其内容包括人盯人防守、区域防守和综合防守。

人盯人防守是指防守队的每一个球员盯防对方球队的固定球员。这种防守令进攻队球员很难做到突破、接球、传球和射门,因为他们每一个人都在防守球员的盯防之中。室内足球运动选择人盯人防守运用两种方案。第一种方案是教练员事先决定每个球员盯防什么样的对手(最灵活的球员负责盯防最快的对手);第二种方案是在比赛过程中防守球员自己选择防守离自己比较近的对手进行盯防。

区域防守是每个防守球员负责防守一定的区域。位于某个区域的防守球员要对任何进入本区的对方球员进行盯防,离开这个区域,就不再跟踪盯防,其基本注意力主要集中在球上,而不是在具体的对手上,同时在这个区域的防守球员应该根据球和队友的移动经常变换自己的位置。

综合防守是球队同时运用人盯人防守和区域防守的方法。实施综合防守体系最流行的方法是由一个或两个防守球员盯防对方球队中特别有威胁的进攻球员,而对其他的进攻球员采取区域防守。根据场上情况,防守球员可以由人盯人防守转变为区域防守,或者相反。综合防守体系的主要优点是对对方球队主要队员的紧密防守与在其进攻方向上组织数量上的优势相结合。因此,这个方式的防守是最有效的防守。

现在让我们具体研究一下上面所提及的几个防守战术体系,它们的区别在于用于对抗不同的对手。

我们来看几个综合防守的案例,在图242中两个防守球员紧逼盯防两个进攻球员,而别处两个防守球员分别在自己防守的区域内,主要任务是为前面的两个防守球员提供掩护并紧逼盯防进攻队的其他球员。在图243中,一个防守球员单独盯防控球队员,而离球较远的球员则在相应的区域内实施区域防守。

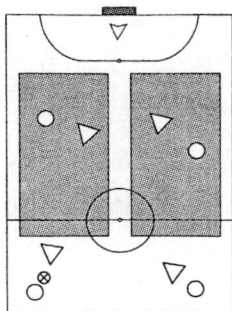 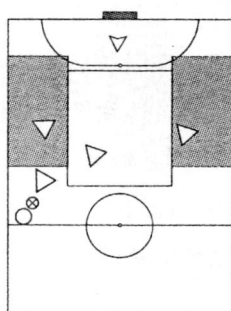

图 242   图 243

在人盯人防守、区域防守和综合防守中,每一项都包括三种防守行为,其区别仅在防守球员对抗进攻球员所使用场地的大小,以及防守球员行动的积极性。它的形式主要有集中防守、分散防守和紧逼盯人。

集中防守是在离自己球门很近的区域内积极的防守行为。这种防守基本上是在四分之一的场地上或稍微大一点的场地内完成。这时防守队的主要力量用在防守对方的正在推进的前锋,或者为了球不能到达这个球员的脚下,以及破坏对方球队的配合。

分散防守是在距离自己球门比较远的区域展开的对对方进攻球员的积极对抗,也就是在四分之三的场地或二分之一的场地区域内进行防守。任务是迫使进攻球员仓促地行动,不能进行预先计划好的配合,并试图截断来球,其最积极主动的防守总是针对控球球员。

紧逼盯人是防守队的队员盯防所有的进攻球员,不论他们占据什么位置和是否控球。紧逼盯人的实质在于,当球到对方手中时,每个防守球员要立即对防守对象进行严密的防守,不让他们接球或传球给任何一个队友。在紧逼盯人战术的帮助下,使本队的比赛加快节奏迫使对手失误。这种战术可以缩小比分差距或者反败为胜。

守门员的比赛战术

守门员的比赛战术是指守门员为了本方球门的安全而采用的最合理的行动。守门员出色的战术技能可以提高和加强全队的战斗力,促进球队顺利进行比赛。守门员是在球门前最"激烈"区域内活动,在这里进攻球员与防守球员的对抗达到极致,此时守门员既要采用他这个角色特有的技战术,同时也要采用其他球员的技战术。在现代室内足球赛中,守门员在球场上的表现不比任何球员要差,同时他还能够有效地在球门附近活动,这就是五人制足球的特殊性。这就是为什么培养青年守门员时应该考虑到的情况。

五人制足球的守门员的基本战术行为包括:选择门前位置、离开球门踢球、踢球入场、组织队友的防守行动、参与队友的进攻行动。

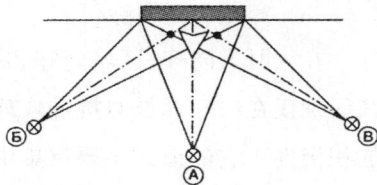

图 244

选择门前位置。比赛时守门员实际上经常变换位置,在必要时刻他要转移到对手进攻的方向,因为正是在那里可能会有随之而来的最后的射门。在这种情况下,守门员的任务是选择最有利的守门位置。这个位置的主要作用是什么呢? 作用就是力图击退射向球门的球,守门员的选位应该在把球与两个球门柱之间形成的角分成两半的虚拟的中线上(图244)。在这种情况下,这个角越尖,守门员越要靠近相对应的门柱。

例如,当对手罚角球或在侧面进行罚任意球时,守门员位置选择在紧挨着球的一侧门柱,同时也要监控没有设防的另一侧门柱处的球门区。如果控球前锋突破防线,运球直接面对守门员,这时,守门员的任务是出门迎击进攻球员,努力缩小射门的角度(图245)。

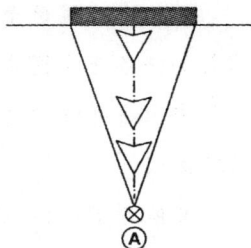

图245

守门员离开球门时应掌握下列原则:无论在何种情况下都不能在半路上停下或者减缓行动的速度,因为前锋时刻准备带球绕过迟疑的守门员,将球射入空门。但是当守门员向前移动时,进攻球员势必要绕过他,这时守门员应该试图改变形势,出于这个目的守门员要立即快速扑球,用自己的身体挡住球的入门线路。

离开球门。在室内足球赛中守门员经常采用这种方法,因为比赛中的种种状况逼得守门员不得不离开球门到罚球区范围内活动,甚至到罚球区范围之外活动。在第一种情况下,守门员或者抢夺(截断)传向罚球区的球,或者与前锋进行一对一拼抢,抢夺控球权;在第二种情况下,守门员像其他球员一样活动,利用其他球员一样的技术动作试图保护罚球区外的队友。守门员只有在非常有把握地消除出现的危机的时候,才可以弃门出击。然而在下列情况下就不太适宜弃门出击:如果同队的一个队友正与控球对手进行一对一拼抢;队友在与前锋争抢中立球;大批队员集中在罚球区内的时候等等。

练习示例

1. 两名球员带球分别位于球门的左右两侧,轮流在距离球门8—10米处射门,守门员与之相应地转移到射门的球员的一侧。

2. 在球场的两侧分别放置一排(4个)球,两名球员分别在两侧轮流射门,迫使守门员转移到射门的一侧。

3. 两个守门员一起练习。其中的一个在距球门20—25米处高角度向球门射球,球要落在6米线标志的区域内,他的队友占据球门前位置,快速跑向球的落点,用拳头或头击球。开始练习没有对手的对抗,然后有对手参加,低强度防守,最后转为与守门员的积极拼抢,守门员轮流互换角色。

4. 几个球员位于中线处轮流向球门方向运球,守门员防守球门,进攻球员的任务是在罚球区绕过守门员射门,而守门员的任务是抓住时机,从球门中出击并堵住进球的路线。也可以缩小球门,在离球门柱1米的地方放球做门。

其他方案:两个球员互相传球并进攻球门,守门员的任务是弃门出击。

5. 守门员位于球门前。进攻球员带球位于角球区的附近罚球区外,面向守门员,在球门外5米处设置两个球或者其他标志物,标出补充的球门,进攻球员踢不同高度的球射门,守门员接住或扑出球,进攻球员出其不意地用低平球把球射入补充的球门,守门员的任务是跑出球门接住球(图246)。

6. 守门员位于球门前,进攻球员带球在距离他10—12米的地方与之相对站立,在罚球区内画两个直径1米的圆(图247)。进攻球员轮流射门或者出其不意地踢高球至其中某一个圆内。守门员的任务是接住飞往球门的球,同时还要跑出球门,接住或扑出飞向圆圈的球。

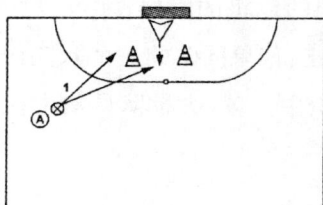

图 246

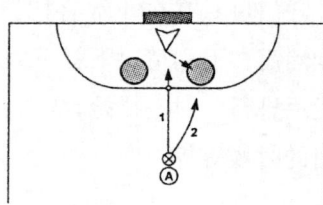

图 247

7. 守门员站位于两条平行线所夹的狭长通道内,球员 A 和 Б 分别站在守门员的两侧,距离守门员 3—4 米的位置上互传低平球,等到守门员失去警惕性时,其中的一个球员忽然踢高空球,守门员的任务是快速跑到球前截断球,但不能跑出狭长通道(图248)。

8. 守门员 A 站在球门前,在罚球区内画两个直径1米的圆,发球球员 Б 带球站在侧面。在离这名球员较远的圆内站着第二个守门员 B,发球球员 Б 用脚发高空球到比较近的圆内或发给守门员 B,守门员 A 跑出球门,接住飞到较近的圆内的球,并扑开飞到守门员 B 处的球(图249)。守门员轮流交换角色。

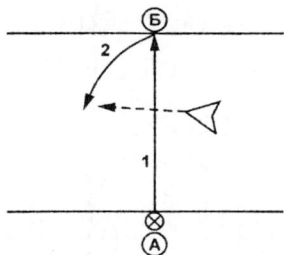

图 248

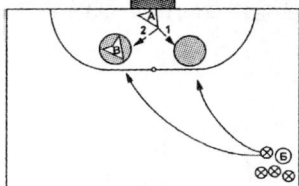

图 249

9. 守门员位于球门前,球员 A 带球站在侧面,在罚球区内画一个直径 1.5 米的圆,守门员侧前方站着球员 Б,球员 A 用脚踢空中球到圆内或将球传给球员 Б,球员 Б 要立刻用头球射门。守门员要接住飞到圆内的球,同时还要扑开飞到球员 Б 处的球(图 250)。

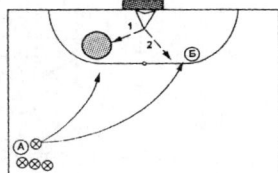

图 250

开球是守门员的重要战术动作,因为在比赛中,进攻往往是从守门员第一个传球给处于有利位置的队友开始的。守门员怎样在比赛中传球(用手或脚)没有特殊的规定,对于在与对方的争斗中的控球守门员或者在球门线外传球的守门员而言,重要的是怎样为本队控球,或者迅速地传球,以组织向对方球门的进攻。队友的快速移动和接守门员传球的准备程度,是守门员在比赛时开球成功的必须条件。队友在全场内的快速跑动,使守门员有机会把球传给占据最有利的位置、能够控球的球员,或者传给突破到空档处并且有机会攻打对方球门的球员。五人制足球课程中,教授年轻的守门员时,建议先练习在不同比赛情况下开球的技术。

下面我们着重研究几种配合方法,及其不同的技术特点。

一、守门员接到球后(图 251),将球短传给侧翼的队友 A,球员 A 立刻把球横传给处于场地左侧的球员 Б,球员 Б 随后立刻将球纵传给突破到边线的球员 B,因为球横着越过中线,球员 B 回传球给队友 Б,这时球员 Б 就有机会传球给守门员,守门员可以重新根据既定的任务,进行有效的配合。

165

二、守门员在比赛过程中,利用本方队伍边线前锋快速摆脱对方球员的严密盯防的机会,在控球后开始用手掷球或者用脚传球给进攻队员。守门员准确和及时的传球给队友,为攻克对方球门创造有利的机会(图252)。

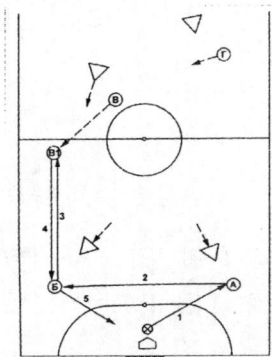

图 251

图 252

三、当对方将球快速传入罚球区内,守门员在接球的同时,队友 A 充当中锋的角色,立刻摆脱对手 Д 的防守跑到赛场的中间,守门员准确地用脚传球给他,在这种情况下,队员得到非常好的控球机会或者进行区域进攻(图253)。

四、守门员接球后,应该尽可能控制,也就是传球给其中的一个队友,并且不能让紧盯着队友的对方球员断球(图254)。队友之间的默契可以实现这一目的。

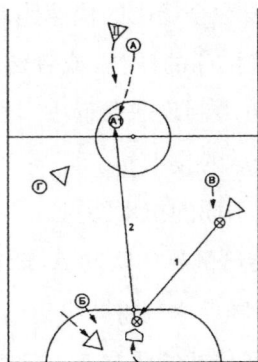

图 253

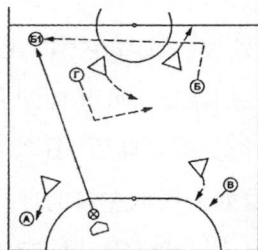

图 254

在现今的五人制足球中,每个守门员在防守球门的同时,还在一定程度上肩负指挥队友进行防守的任务,这并不奇怪。在对方进攻时,守门员站在所有防守球员的后方,能够清楚地看到防守的薄弱环节,有机会预测到进攻的方向及对方所使用的战术,因此能够给予队友准确易懂的指示,把队友的注意力集中到对方将要进攻的方向。这样一来,守门员就可以担负监控对手和指挥本队球员的防守行动的任务。

在构建人墙、与对手争夺有利位置时,守门员的作用非常大。例如,踢角球时,守门员要占据近门柱位置,同时指挥所有球员的行动,队友应该截断球进入罚球区的路线,并且以自己的行动阻止对方射门。

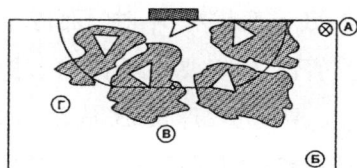

图 255

在这种情况下,人墙中只有一个防守球员,而其他球员要各就各位完成既定的战术任务(图 255)。

在对手进行罚球和任意球时,守门员指挥队友组织人墙是非常重要的。人墙可以由一名、两名或者三名防守球员组成,有时守门员也位列其中。罚球和任意球越接近球门,人墙的组成人数就应该越多。如果从远处射门或者小角度射门,或从侧面射门,人墙可以只站一个人。

下面我们来看几个在罚球和任意球时守门员指挥组建人墙的方案。

一、对手在正对球门的位置的罚球线拿到罚球权,人墙由防守球员 A 和 Б 以及紧靠他们的守门员组成。另外两名防守球员 B 和 Г 也要盯防住其他进攻球员,因为两名进攻球员可能随时接到发球球员 Д 传来的球(图 256)。

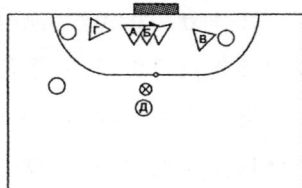

图 256

二、进攻球员 Д 得到机会从 13—14 米处罚球,防守对员 A 一个人组成人墙(图 257),其余防守球员防守进攻队的自由球员,然而如果球员 Д 在这个位置具有很强

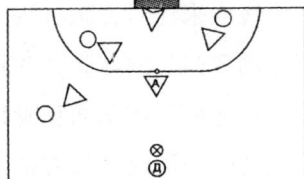

图 257

167

的射门能力,为保险起见,防守队一定要再在人墙中增加一名防守球员。

三、进攻球员准备从罚球区的侧面射门,防守球员组成阶梯状人墙,防守球员 A 站在前面,防守球员 Б 站位稍微侧后方位,守门员站在远门柱处,在那他可以很方便地控制整个场面,这种防守布置可能使进攻球员 Д 改变战术,不射门而传球给队友 E,但是此时防守球员 Б 和 B 就要提高警惕,他们要立刻给射门球员以压力(图 258)。

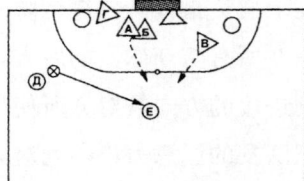

图 258

四、进攻球员 Д 从距离球门 9—10 米处罚球射门,防守队立刻由两名防守球员 A 和 Б 组成分散的人墙。防守球员 B 和 Г 盯防自由对手的行动。守门员仔细盯住自己眼前的区域,随时对射门做出反应(图 259)。当罚球队员没有足够的力量射门时,可以采用这种构建人墙的方法。

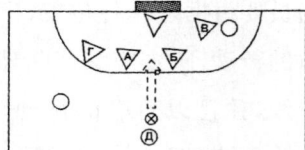

图 259

参与队友的进攻。在比赛中守门员在有利的形势下,经常参加到队友的进攻行动中。例如,当进攻球员试图通过区域进攻战胜对手的抵抗时,守门员可以帮助队友,为此,守门员离开球门向前移动,成为队友的调度员。由于守门员位于进攻球员的后方,有很好的机会来改变进攻的方向,此外占据这种位置,对于防守也有很大的好处,可造成人员数量上的优势。

守门员离开球门帮助进攻是非常冒险的,因为对手可以远射空门。同样还应指出的是,在进攻中作为"调度员"的守门员也要受到某些球赛规则的限定,如,在自己的半场控球不能超过四秒钟,同样,将球发出后,球未越过中线或未经对方队员踢或触及,是不能接同队队员回传球的。但是,设置移动守门员的球队,守门员经常可以努力参与到进攻中,通常这是要在追平比分或者球队面临着摆脱困境的情况下采取的行动。也可以在与弱队比赛时采取这样的方案,此时,具有远距离射门能力的守门员对整个队伍的帮助是非常大的。

虽然,守门员参与进攻不是其本职,但在训练课中,建议加上这种练习,即让守门员加入到进攻之中,练习与队友之间必要的相互配合。

下面是守门员加入到进攻行动中的两种方案。

一、中场球员 A 传球给本方向前移动的守门员,(图 260)。由于守门员的助攻,加强了针对对手的人员上的优势,这样就有机会完成大力射门,或者继续传球给另一名已经移位到对方球门处的队友。

二、守门员参与队友的区域进攻(图 261)。接到队友 A 的传球后,守门员要立刻传球给在边线迅速跑动的球员Б,球员Б就获得了进一步进攻的机会。

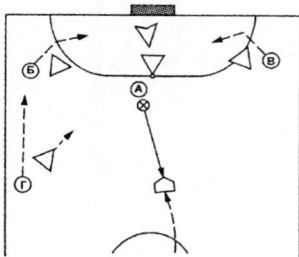

图 260

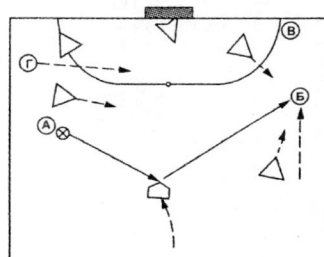

图 261

校内比赛的组织工作

校内五人制足球赛应该是普通中学体育工作计划的重要组成部分。对于参加室内足球小组的学生来说,这种比赛有助于他们学习所选择的运动项目。同时,校内比赛对于那些还没有加入任何小组进行长期训练的学生来说,是一种系统的对体育运动的有效宣传。所以校内五人制足球比赛的首要任务是大众性。这类比赛应该按照年龄分组进行,通常是班级球队之间比赛,无论是男生还是女生都可以参加这类比赛。重要的是这些比赛要有良好的教学指导、隆重的气氛、专业裁判和老师、家长以及高年级同学的观摩。正确地组织这类活动能够对学生产生良好的影响,并对他们的教育起到积极的作用。

学生裁判员训练班

组织培训学生裁判员和成功举办引人入胜的校内五人制足球比赛,离不开学生体育积极分子的帮助。学生裁判员能够为比赛提供很大的帮助。当然,对于学生裁判员的培训工作必须给予认真和长期的关注。培养学生裁判员之前,应该先物色那些愿意从事五人制足球比赛裁判工作的学生,当对裁判工作有兴趣的学生达到一定数量后,可开设专门的培训班。可以借助几所学校的力量组织培训班,或者可以借助当地足球联合会的帮助举办全市或全区规模的培训班。培训班的课程包括理论课和实践课。

培训班的理论课部分由体育老师或有经验的五人制足球裁判员主讲,采取讲座或者座谈的形式。在课堂上学生们学习比赛规则,了解裁判员在不同的比赛情况下的判决以及裁判法规。为激发听课人对某问题或某题目的兴趣，培训班老师可从实践中举例子，请学生讨论一些难以判罚的复杂的比赛情况。还可以使用室内足球场的模型和相应的影像材料，举例说明比赛规则和解释比赛情况。

培训班理论课部分。一、介绍国家五人制足球的发展、国家青少年全国联赛、五人制足球运动对中小学生身体的影响（1小时）；二、五人制足球的比赛规则、青少年比赛的简化规则（5小时）；三、比赛指南，裁判员之间的配合，裁判员的信号和手势（3小时）。

培训班实践课部分。举办班级之间友谊赛及学校五人制足球比赛时，学生可以担任裁判。为每个培训班成员建立一张专门的卡片，以便记录学员的实践情况，记录完成每项任务的数据和对裁判质量的评价。这种方法会提高学生裁判员的兴趣和对承担任务的责任感。举办几次比赛之后，组织培训班的学生们进行讨论，有针对性地与全体学生一起进行裁判实践分析。在这些分析过程中，学生们评价对比赛规则的了解程度；评价是否会将比赛规则应用于各种不同的比赛；评价对裁判手势的领会程度及准确性；评价如何在比赛场地上准确选择自己的站位；以及裁判员的形象、公正性、严谨度等等。在体育教师或者有经验的裁判员的指导下进行的这种集体分析，会提高学生们的裁判知识水平及行为的自信心。

在分析总结最初的裁判行为时，多数情况肯定是不尽如人意的，指导教师应该首先肯定学生裁判员表现好的方面，最后以委婉的方式指出他们不足的地方。采用这种宽容的态度对待学生，主要是因为他们通常对自己的失误异常敏感，会过早下结论，觉得自己不适合从事该项体育活动，从而对五人制足球比赛的裁判工作丧失兴趣。

这类培训班最重要的问题是学生们应该掌握五人制足球的比赛规则。

室内足球比赛的基本规则

比赛参加者由两个队参加比赛，每个队的成员由一名守门员，四名上场队员和不多于七名的替补队员组成。在比赛过程中换人次数不限。任何被替换下场的球员都可以重新出场,替换自己球队的一名球员。足球队员的装备有足球衫、短裤、护袜、护腿板、足球鞋等,守门员可以穿长裤。

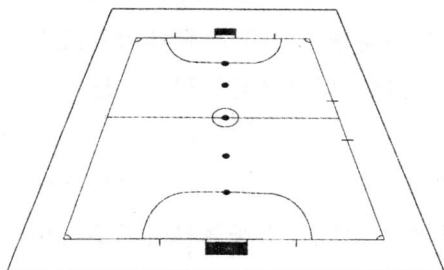

图 262

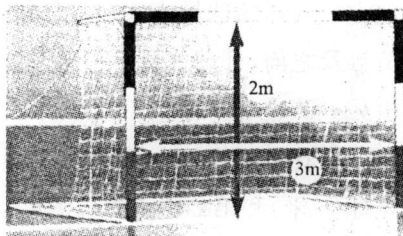

图 263

运动场地是长方形的(图262)。它的表面应该是平整光滑的,一般都用木材或合成物质制成,应避免用混凝土或柏油材料。球场长25—42米,宽15—25米。场地由宽8厘米的线条标明,这些线条作为场地内各个区域的边线应该包含在各个区域之内。两侧较长的边界线是边线,两端较短的线是球门线。球场中线划分球场为两个半场,在场地中央有一个半径三米的中圈,在两个半场都有罚球区。从两球门门柱之间的中点,垂直于球门向场内测量6米设置一个罚球点,在10米处也设置一个罚球点,为第二罚球点。在球场的四个角都有半径为25厘米的四分之一圆弧线——角球区。换人必须在换人区进行,换人区设在场地同一边两个替补席的前面。

球门应该设置在每条球门线的中间。两个球门柱内侧之间距离为3米,横梁下沿至地面的距离为2米(图263)。球门的两根门柱及横梁的宽度和厚度同为8厘米。球门网固定于门柱和横梁的球场外侧。

球是用皮革或其他适当的材料制成。球体的圆周不小于62厘米,不大于64厘米,重量400—440克。足球的特点是不会弹离球场表面太高,这样才会保持长时间不越出球场边界。如果球完全超出球场的底线或边线,就算出界。如果球沿着边界线滚动或者它的投影压在边界线上,都视为界内(图264)。判定进球也按照这样的规则。

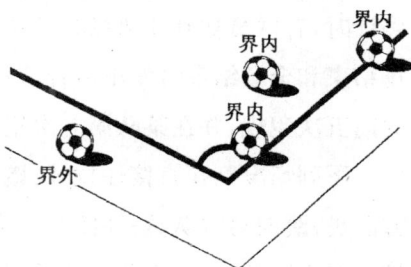

图 264

　　场地的选择是通过投币的方式。猜中的球队决定上半场的进攻方向，另一支球队则获得开球权。投币完毕后球放置于球场的中央点，全部球员都在己方的半场内。此时，开球球队的对方球员必须站在离球3米以外的地方。开球的球员应该在主裁判发出信号后将球向前踢动，在球被其他球员触及之前，开球球员不可第二次触球。开球可以直接射门得分。进球后由另一队进行开球。

　　比赛时间为两个时间相等的上、下半场，每个半场20分钟。如果有球点球（6米）和第二球点球（10米），比赛将延长时间。中场休息时间不得超过15分钟。进球数多的一队为胜队，如果两队的进球数相等，或者两队都未进球，比赛将视为平局。

　　裁判组由主裁判、副裁判、第三裁判和计时员组成。主裁判和副裁判有相同的权力。但是在裁决某个环节时，如果他们之间产生分歧，主裁判具有优先决定权。主裁判应站在替补队员席对面的场地上，副裁判应站在与替补队员席同一侧的场地上。第三裁判记录各队上下半场裁判员已登记的前五次犯规，以及在某队第五次犯规时，发出信号；记录比赛中的停止情况及原因；记录每队所剩的暂停次数，并让裁判员、球队了解这一情况；监督球的更换；监督坐在替补席上的人员的行为，并将他们任何的不当行为通知裁判员；记录进球队员；记录被警告或罚令出场队员的号码；提供其他有关比赛的情况。计时员控制比赛的时间，比赛开始后即开始计时，当比赛成死球时停止计时，计算出精确的比赛时间。计时员要控制1分钟暂停计时，有球员被判罚离场时，还要控制离场2分钟处罚的计时；比赛上半场结束和全场结束时发出声音信号（不同于裁判员的哨音）；记录两个球队的前五次犯规，并在某队第五次犯规的时候发出信号。

　　下列情况判罚直接任意球：踢或企图踢对方队员；绊摔或企图绊摔对方队员；跳向对方队员；冲撞对方队员；打或企图打对方队员；推对方队员；拉扯对方队员；向对方队员吐唾沫；当对方队员踢球或正欲踢球时，对其进行铲球（守门员在本方罚球区内除外，但不允许使用过分力量）；故意手球（守门员在本方罚球区内除外）。在哪里犯规就在哪里由被犯规球队罚球。

如果球员在本方的罚球区内违反了上述犯规中的任何一种,应被判罚球点球(6米)。罚点球时球放在6米罚球点上,所有的球员都要在罚球区外与球门线平行的假想平行线后,离球至少5米。对方守门员站在球门线上,面对罚球队员。球点球(6米)可以直接射门得分。

下列情况,判罚间接任意球:一方球队的队员在与另一方球队的队员对抗时有危险性动作;球员不去踢球而故意阻挡对方;阻碍守门员将球从手中发出;守门员将球传出后又获得同队球员的传球(球未越过球场中线或未经对方球员触球);在罚球区内守门员用手接同队球员的故意回传球;在罚球区内守门员用手接同队球员踢给他的界外球,守门员在己方半场的任何位置控球超过4秒钟。判罚的间接任意球应由对方在犯规发生地点罚球。但是如果犯规发生在罚球区内,则在距犯规最近的罚球区线上踢出。

踢直接任意球和间接任意球的时候应把球静止地放在场地上,踢球的球员在球触及另一球员之前,不得与球再次接触。在球踢出之前,对方球队的全体球员应站在离球5米以外的地方,直接任意球直接进球算得分。间接任意球只有当球进门前触及到另一名球员才算得分。如果罚任意球时有对方球员距离球小于5米,将重罚。

10米点球(第二点球)。所有的两队球员应判罚直接任意球的犯规都由第三裁判记录下来。两队在各自半场从第六次累计犯规开始,对方球队就获得罚10米点球权,并且犯规球队无权在自己的球门前排人墙防守。防守方的守门员应站在己方罚球区界内,离球至少5米。球场内所有的其他球员必须在罚球区外,在与球的假想平行线(和球相齐,并且平行于球门线)的后边。他们所站的位置也与球的距离至少5米,不可阻碍罚球队员。如果有球员累计六次犯规,犯规地点在第二罚球点假想平行线与球门线之间的己方半场,那么对方球队有权选择罚球的位置,或在犯规发生地点,或在10米罚球点上(第二罚球点)。如果比赛进入加时,那么下半场比赛的所有累计犯规次数仍然有效,应在加时比赛中继续累计。

踢界外球。当球的整体不论从地面或空中越过边线或击中天花板,由最后触球方的对方球员踢界外球。球必须放在边线上,防守方的球员应位于距离球至少5米以外防守。主踢球员在得球后4秒内必须踢出界外球。直接踢进门的界外球不能得分。但是,如果界外球踢出后由另一球员射进门,算进球。

角球。当球的整体不论从地面或空中越过球门线,而最后的触球者为防守队员(根据规则不属于进球得分情况),应判角球。发角球时,球应该放在距离出界地点最近的角球区弧线内。角球直接进入球门算进球。发角球时防守方球员距离球至少5米。

掷球门球。当球的整体不论从地面或空中越过球门线,而最后的触球者是进攻方对员(根据规则不属于进球得分情况),判掷球门球。守门员在得球后4秒内必须掷球门球。如果守门员直接将球掷入对方球门不能得分。

"坠球"是比赛暂停后重新开始比赛的一种方法。裁判员在比赛停止时球所在的位置坠球。如果比赛停止时球的位置是在罚球区内,则在离此地点最近的罚球区线上执行。当坠球触地,比赛即重新开始。

当球员违反了某些比赛规则时,应实行纪律制裁。球员若有以下犯规行为,将被出示黄牌予以警告。包括:犯有非体育道德行为;以语言或行动表示异议;持续违反规则;延误比赛重新开始;当以角球、踢界外球、任意球或掷球门球恢复比赛时,不退出规定的距离;未经裁判员许可擅自入场或重新入场,或违反其他换人规定;未得到裁判允许擅自离场。

场上队员或替补队员违反下列犯规中的任何一种,将被出示红牌罚令离场。这类犯规包括:严重犯规;在同一场比赛中被第二次黄牌警告;暴力行为;向对方或其他人吐唾沫;使用无礼的,侮辱的或辱骂性的语言或手势;故意手球破坏对方的进球或明显的进球得分机会(不包括守门员在本方罚球区内);用犯规破坏对方向本方球门进攻的明显的进球得分机会,这种犯规可判为任意球或球点球。被判罚离场的球员不可再进场比赛,也不可坐在替补球员席上,而必须离开比赛场地区域。球队在犯规球员被判罚离场后的两分钟内只能保持现有人数继续比赛。如果两队球员为5人对4人,人数多的球队进球后,4人球队可补足五人。如果是人数少的一队进球,两队球员人数都不变动,继续比赛。

如果球队中球员被罚离场后,剩下的人数包括守门员在内少于3人,裁判就终止比赛。

比赛规则要求裁判员处罚球员时不仅仅根据其犯规行为,还要看其是否蓄意犯规。例如,某球员在比赛中企图用脚踢或用手打对方球员,虽然由于对方球员躲开了而未达到目的,那么裁判员应该如何评判该球员的行为呢?应该将此行为看作既成事实,并且必须重罚过失球员。如果被攻击的球员挥手或抬脚反击对手对他的攻击,裁判员应该另行处理这种行为。如果比赛已停止,裁判员可以警告犯规球员或者将他判罚离场。如果比赛没有停止,为了不让违规球队一方占据优势,裁判员应立即停止比赛给予犯规球员以处罚(如果被犯规球队有明显的得分机会,可以根据有利原则继续比赛)。

在比赛中刚工作不久的裁判员常常无法正确的判罚球员这样或者那样的行为。例如,抢夺对方进攻球员的球时铲球并不都算犯规。如果防守队员向正在带球的对方球员脚下铲球,这应判为犯规(图265)。如果防守球员与控球的进攻球员之间有一定的距离,防守球员在对方带球的时候进行铲球,这种情况不算防守球员犯规(图266)。

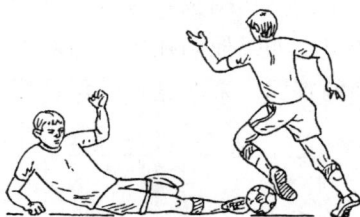

图 265

图 266

青年裁判员学会辨别赛场上危险性进攻和危险性带球的情况是至关重要的。危险性进攻是指用粗鲁或危险的动作冲撞对方球员,犯规球队将被判罚直接任意球,犯规的球员将受到警告或被罚离场。危险性踢球是指在一对一踢球时,时常导致对方球员受伤。犯规球队将被判罚间接任意球。例如,进攻球员准备用头顶处于头部高度的球时,防守队员用脚踢球,即被认定为危险动作。

在比赛中会出现防守队员由于自己的过失使自己陷入危险中的情况。例如,为避免自己球门遭受危险,防守队员在对手踢球时头朝前顶球,但不能因此判罚防守队员,这种情况下进球算得分。如果因防守队员自己造成的危险而终止的比赛,将由进攻球队发间接任意球来重新开始比赛。

并非每所中小学校都有宽敞的运动馆和综合性运动场,所以必须根据具体条件来组织校内足球比赛。如果学校没有健身房或运动场,可以让学生们铲平附近的空地,搭建简易球门,用沙或石灰画出球场。如果学校只有篮球场,搭设冰球门后也可以在这个较小的场地进行足球比赛。在这种情况下每个球队的队员为3人或4人。

最简单是在标准冰球场上安装小型球门,将其改用于室内足球比赛。但是无论学校具有什么样的条件,都应该参照室内足球比赛规则的基本规定来举办足球比赛。

裁判法规

裁判法规是青少年足球裁判员必需掌握的准则。青少年裁判员应该了解裁判法规的基本原则。这些知识可以使裁判员与同事良好地合作,依据规则在比赛中做出正确的判罚。

为了能更准确地判断赛场上球员的行为,主裁判和副裁判应该占据相对于双方最合适的位置,以便于判断场上的情况。如果他们在场上面对面站位,将会不利于他们在球员犯规时做出正确的判罚。采取这种站位还容易导致裁判员在双方球员一对一的对抗争球时因距离过远,无法发现犯规动作。因此在比赛中主裁判与副裁判在场上应该站在对角线的位置。

图267上画出了裁判员观察球员动作的区域。Ⅰ—Ⅱ的假想线横向将球场分为两半。当球位于1区和4区时候,裁判A关注1区和4区,判断在区域内的所有犯规行为。当球位于3区和2区时,裁判Б也是同样负责关注这两个区域。5区和6区是罚球区,当双方球员一对一对抗时哪个裁判员离球距离最近,就由这个裁判员负责关注这两个

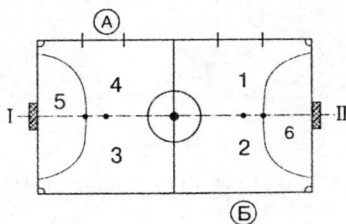

图267

区。同时,当球位于裁判 A 负责的区域内时,裁判 Б 应该观察他所站的球场边线与Ⅰ—Ⅱ的假想线之间的区域内球员的动作,这些区域是 2、3、5、6区。相反地,当裁判 Б 观察 2 区和 3 区内带球队员的动作时,裁判 A 要观察 1、4、5、6 区内无球队员的动作。这样,整体上这种裁判方法可归结为,一名裁判员在比赛过程中应观察球队的进攻动作,并且保持与进攻方向一致的方向跑动,与此同时,第二名裁判必须注意无球队员的动作。图268 上显示的是经过 1 区和 4 区进攻时裁判员的正确站位。图 269 显示的是球员经过 2区和 3 区进攻时裁判员的正确站位。

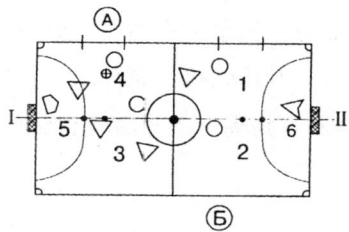

图 268

在双方队员掷币选择场地时,裁判员如何选择自己的站位也是有特殊性的。例如,比赛开球前主裁判站在距离球场中线 1.5至 2 米的地方,监控球的位置和双方球队球员的站位。副裁判应该站在靠近不开球球队的罚球区的地方。在罚角球、任意球、点球和界外球时,一个裁判员要站在离球近的地方,负责把球摆放在规定的位置上,注意

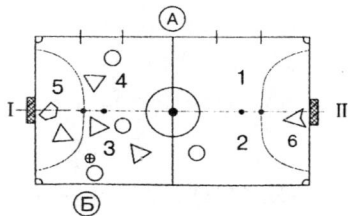

图 269

让防守队员与球保持规定的距离,另一个裁判员负责注意其他所有未加入防守人墙的球员。

裁判员的信号和手势

在比赛裁判过程中,裁判员用哨音发出信号。在下列情况中裁判员使用哨音发出信号:开始比赛时、休息后重新开始比赛、进球后、因违反规则要停止比赛时、在罚球点球(6 米)和无人墙的任意球(10 米)时、比赛结束或半场结束时。

裁判员吹出的哨音应该让所有球员和观众清晰地听见。需要指出的是,守门员手抛球门球时,坠球时;在罚任意球、角球、界外球时;不用哨子发信号,而使用手势。但是,在室内足球中防守球员经常会阻碍指定罚球

的完成。这种情况下,裁判应要求他们遵守不少于"5 米规则",在确认场上球员遵照规则之后,吹哨示意继续比赛。

在比赛进程中裁判员使用的手势。例如,判罚直接任意球时,裁判员要将一只手水平伸直,指向犯规球队(图 270)。

判罚间接任意球时,裁判员要将一只手举过头顶,并一直保持这个姿势,直到踢出的球触及到其他球员或者出界(图 271)。

图 270   图 271

掷球门球、罚间接任意球、角球、踢界外球、守门员在本方半场控球,裁判举起一只手,用手指示意,计时 4 秒钟(图 272)。(罚直接任意球,手臂平举计时 4 秒)

警告球员或者判罚球员离场时,裁判举起一只手,出示相应的黄牌或红牌(图 273)。

当球队请求暂停时,裁判也要用手势示意(图 274)。

图 272   图 273   图 274

五人制足球知识问答

　　五人制足球知识问答竞赛既可以在学校作为独立的活动开展，也可以作为课外体育中的一项活动。为了有效地举办体育知识问答竞赛，需要提前作一定的准备工作。如，确定举办竞赛的时间、确定参赛者的年龄组、进行竞赛的形式，建立一个清晰的、学生们易懂的评分标准和总结制度，选择必要的书籍等等。

　　知识问答竞赛可分两个阶段进行。第一阶段为班级内部比赛，第二阶段由各班级比赛中的获胜者或者班级联队的获胜者参加的决赛。如何进行决赛取决于最终选定的形式，可以是第一阶段获胜者的个人竞赛，也可以是班级队之间的决赛，即按照预先定好的最佳个人成绩数量计算团队成绩。采用团队的形式进行决赛是很有趣味性的，在这种形式的比赛中，每队只有一名参赛者有权回答问题。必须提前确定参赛队的人数，并规定每名参赛者可以回答问题的次数。

　　知识问答竞赛的决赛应该在学校较大的场所里（如，大礼堂）进行，由该年龄组的所有学生参加。要在台上为参赛队摆设专门的座位。首先，主持人祝贺学生们顺利地通过第一阶段的竞赛，对那些成功开展竞赛活动并且吸引了大多数学生参与的班级，着重提出表扬。然后宣布决赛的规则，介绍评审团成员，确认参赛者的准备情况。提问并宣布作答的时间（20秒至1分钟）。规定时间一到，根据主持人的信号，助手收取写好的答卷并转交给评审团成员。评审团成员在评判答卷时，主持人公布问题的正确答案。如果时间允许，还可以说些与这个问题相关的有趣细节。答卷评判完毕后，评审团成员将为参赛选手或参赛队打出分数，写在一块特制的，并且所有参赛者和观众都能清楚看见的板上。结束时进行总结并给获胜者颁奖。

室内足球知识试题与答案

（供小学高年级使用）

1. 哪种球更轻？足球，室内足球或排球？（排球）

2. 室内足球比赛中守门员在己方半场可以控球不超过几秒钟？（4秒）

3. 室内足球的罚球点在哪里？（距球门6米处，在罚球区线上）

4. 目前是否举办过室内足球世界冠军赛？（是）

5. 哪个球队夺得了首届室内足球世界冠军赛的冠军？（巴西联队）

6. 是否举办过室内足球欧洲冠军赛？（是）

7. 如果球停在球门柱之间，停在球门线上，是否算进球？（不算）

8. 如果开球直接进球是否算得分？（算）

9. 比赛发球时球应该踢向哪里？（对方球场）

10. 在室内足球比赛中抢球时是否允许使用肩膀撞击对手？（鲁莽的，使用过分力量的不允许，轻微撞击是可以的）

11. 室内足球世界冠军赛几年举办一次？（每四年一次）

12. 角球直接进球算得分吗？（算）

13. 在体育馆踢室内足球时，是否允许穿钉子球鞋？（不允许）

14. 球员在己方罚球区绊倒对方球员（使用草率、鲁莽的动作），该如何判罚？［罚球点球（6米）］

15. 当裁判员一只手向上举起时表示什么意思？（罚间接任意球）（或计时4秒）

16. 间接任意球直接进球是否算得分？（不算）

17. 点球直接进球是否算得分？（是）

18. 如何判罚球员的危险动作？（间接任意球）

19. 球员在己方罚球区外以危险动作冲撞对方球员时该如何判罚？

（判犯规球队直接任意球）

20.球员在己方罚球区内危险冲撞对方球员时该如何判罚？［判罚球点球（6米）］

21.踢点球的球员是否可以连续两次接触球？（不可以）

22.如果球触及防守方球员越出了防守球队的球门线，裁判该如何判罚？（判罚进攻方罚角球）

23.球员为迷惑对手时使用的动作被称为什么？（假动作）

24.双方队员在比赛开球时应该站在什么位置？（只能站在己方的半场上）

25.每个室内足球队应该几名球员上场？（每队5人）

26.每个球队是否可以在场上同时有两名守门员？（不可以，每个球队在场上只能有一名守门员）

27.哪只球队在俄罗斯冠军赛中获得金牌的次数最多？（莫斯科"狄纳摩"队）

28.脚背踢球有几种方式？（脚背正面，脚背内侧和脚背外侧）

29.场上球员是否可以在比赛过程中替换守门员？（可以）

30.球员在对方罚球区内使绊该如何判罚？（判罚直接任意球）

（供初中学生用）

1.裁判员给球员出示黄牌表示什么？（警告）

2.第一届室内足球世界冠军赛是在何时何地举行的？（1989年在荷兰）

3.比赛场地的中圈的半径是多少？（3米）

4.室内足球的球门内缘尺寸是多少？（2米×3米）

5.比赛中开球的球员是否可以连续两次触球？（不可以，只有在球触及其他球员后才可以第二次触球）

6.界外球直接进球是否算得分？（不算）

7.如果球员发界外球时出错，裁判员应该如何判罚？（由对方球员在犯规发生处重踢）

8.在罚点球、任意球和角球时，对方球员应该距离多远？（离球5米）

9. 若守门员在己方罚球区控球超过 4 秒,裁判员应该如何判罚?(判对方在离犯规处最近的球区线上踢间接任意球)

10. 在什么情况下故意用手触球不视为犯规?(球员为防护近距离踢来的球时用双手遮住脸)

11. 何谓用脚绊人?(一种违反规则的动作,当球员碰到对方球员的腿时并做出伸脚动作)

12. 如果发角球时球撞到球门柱上后又弹向踢球者,他是否可以连续第 二次触球?(不行)

13. 室内足球赛中是否允许抢球时铲球?(不允许)

14. 球队第几次累计犯规后将被判罚 10 米点球(无人墙的任意球)?(第 6 次)

15. 对方球员发 10 米点球时,犯规球队是否可以排"人墙"阻挡?(不可以)

16. 10 米点球直接射进对方球门是否算得分?(是)

17. 守门员可否在对方半场控球超过 4 秒?(可以)

18. 奥林匹克比赛制度的实质是什么?(比赛失败的球队被淘汰)

19. 球员可以在什么地点替换队友?(只在本队换人区)

20. 如何进行换人?(在换人区内场内的球员先离开赛场,然后替换他的队员再上场)

21. 室内足球中是否有"比赛外"的情况?(没有)

22. 在快速夺球过程中,两个球员中一个跑到空场接传球,这一战术叫做什么?("墙"式比赛)

23. 哪些情况下裁判员会判"争议球"?(在任何比赛规则未规定的情况下都可以)

24. 若球碰到天花板,裁判员该如何判罚?(由最后踢球队的对方队员踢界外球,重新开始比赛)

25. 踢界外球的球员在发球时脚是否可以踩到场地?(球员的任何一只脚的部分站在边线上或界外)

（供高中学生使用）

1. 如果防守球员试图用手挡住射门的球，但球最终还是射入了球门，那么裁判员应如何判罚？（算进球）

2. 循环赛的实质是什么？（比赛过程中所有球队都会相遇）

3. 如果踢6米点球球员让球退后了，裁判该如何判罚？（重踢）

4. 直接任意球与间接任意球的区别是什么？（直接任意球直接射门算得分，而间接任意球直接进球不得分）

5. 罚10米点球时，守门员应该离球多远？（至少5米）

6. 如果比赛过程中球坏了，裁判员应如何决定？（换球，发坠球重新开始比赛）

7. 如果裁判员罚6米点球后，比赛时间到了应该怎么办？（延时踢6米球点球）

8. 如果球员发6米点球时将球踢到球门门柱上（球未碰到守门员），重复射门后进球，是否算得分？这种情况下裁判员如何判罚？（进球不算得分，判罚对方球队发间接任意球）

9. 如果球踢到裁判员身上后又重新弹回场地，比赛是否停止？（不停）

10. 如果界外球直接射入己方球门或者对方球门，裁判员应如何判罚？（如果界外球直接射进己方球门判罚角球；如果射进对方球门判罚掷球门球）

11. 如何判罚比赛中的危险动作？（判间接任意球）

12. 球员阻挡对手时如何判罚？（判间接任意球）

13. 如果球员控球后4秒内未踢界外球，裁判应如何判罚？（由对方球员重新发球）

14. 如果在球越出球门线后守门员将球传出，球未越过中线，或未经对方球员触球，守门员获得同队球员的传球，这时裁判员应如何判罚？（判对方球队在犯规发生地点发间接任意球）

15. 在对方球队发点球、任意球、角球、界外球、掷球门球时，球员未退

出规定的必要距离,裁判员应如何判罚?(判罚任意球,并向犯规球员亮黄牌)

16. 如果球员在比赛过程中被两次亮黄牌,裁判员应如何判罚?(对其出示红牌并判罚离场)

17. 被判罚离场的球员是否可以重新入场比赛?(不可以)

18. 犯规球员被判离场后过多长时间球队可以增补队员?(2分钟以后)

19. 比赛开始前球队采用什么方式选择比赛场地?(掷币的方式)

20. 如果发坠球时球员在球落地之前触球,裁判员应该如何判罚?(重新发球)

21. 比赛中是否限制换人次数?(不限制)

22. 守门员是否可以与同队球员换位?(可以)

23. 室内足球的重量是多少?(400—440克)

24. 罚6米点球时守门员应该如何站位?(站在球门线上,面向发球球员)

青少年球员的
教学督导及自我检测

　　在中小学五人制足球小组的课堂教学中,老师应该对学生身体、心理进行系统地检测,观察是这种检测的基本方法之一。系统地观察可以对整个班以及每个学生有全面的认识。观察可以帮助老师评价每个学生的才能,针对每个学生的个人发展特点来确定教学内容及教育方式。首先,在每节课上必须进行教学检测,根据学生表现出来的疲劳特征来判断他们的体能承受力(表11)。

根据疲劳的外部特征判断体能承受力　　　　表11

观察主体	疲劳的程度和特征		
	轻　度	中　度	严重(不允许)
脸色	微红	很红	极红且呈现紫色
说话	清晰	困难	极度困难甚至不能言语
表情	一般	紧张	痛苦
流汗	不多	上半身出汗	上半身出汗极多并且下半身也出汗
呼吸	急促而平稳	非常急促	异常急促,偶尔深换气的表面呼吸没有节奏
行动	步伐稳健	脚步不稳并摇晃	身体 激烈摇晃,颤抖,需要支撑,跌倒
自我感觉	精力充沛无抱怨	抱怨疲劳,肌肉疼痛,心悸,呼吸困难,耳鸣	抱怨头晕,右肋处疼痛,头痛,恶心,有时打嗝,呕吐

　　根据脸色、面部表情、呼吸等症状就可以判断出球员的疲劳程度,并且

对课程进行必要的调整。观察少年足球运动员完成技术动作方法的有效性,将在很大程度上取决于对该项运动的了解,也就是取决于教师的技能,看他是否善于认清学生的错误,并找到改正这些错误的有效途径。询问法为五人制足球小组的授课教师提供了很好的机会,他们在课前、课中及课后直接从学生本人处获得信息,如,自我感觉(肌肉疼痛;心区疼痛;右侧肋下疼痛,特别是在奔跑时头痛,头晕及其他)和心情等(愿意训练和不愿意训练)。

体能练习对中小学生心血管系统影响的重要客观指标可采用测量心率来得到。需要指出的是,心率取决于学生的个体特点,有可能明显偏离平均值。系统进行体能训练过的学生的心脏跳得较慢,因此这些学生处于安静状态时的心率远远低于那些不喜欢体育和很少运动的学生的心率。表12中列出的是中小学生静态心率的平均值,建议在室内足球小组上课时作为参考。

8 至 17 岁学生在安静状态下心脏收缩频率的平均值　表 12

年　龄	每分钟心跳	
	男　生	女　生
8	83	85
9	80	83
10	76	79
11	75	79
12	73	76
13	73	76
14	73	74
15	72	75
16	70	75
17	68	73

在体能系统训练的影响下,心率的变化缓慢,只有通过长期的观察才能发现这些变化,但是由超负荷与过度疲劳引起的不良变化会很快地显露

出来。使用上述谈及的各种功能方式,测量出的心率和呼吸数据可以看出不良变化。

但是,因为紧张引起的心理变化也会使心率和呼吸频率加快。

建议在五人制足球课堂上及课后测量学生的心率,这样可以了解不同的学生对所做体能训练的身体反映。比如,轻度负荷时学生的心率为每分钟 100—120 次,中度负荷时为每分钟 130—150 次,高度负荷时每分钟超过 150 次。

测试是教学测量最重要的方法。采用这种方法,也就是根据学生的测试结果,客观地判断学生的水平是一般还是专业。建议五人制足球小组的学生在学年的年初、年中和年终进行测试。测试的组织形式是多种多样的。例如,助理教练员协助进行个人测试,少年足球队员自己将测试结果记入事先准备好的卡片中。集体测试时,每组学生在完成一个测试项目后,自己换到下一个测试项目,以此类推。进行这种测试时,由助理教练记录测试结果,他还要负责总体监督课堂教学情况。集体测试时所有的少年足球队员可同时完成测试练习,比如进行越野赛跑。

教练根据测试内容选择必要的器材。如,柱子、卷尺、秒表、实心球等等。器材应该分配到各个测试场地,场地的形状有正方形、长方形或者圆形。测试场地的数量取决于测试练习的数量和少年足球队员的人数。每个场地都有预先受过指导的助理教练。课程结束时或下一堂课上课时教练将队员们的测试结果告诉他们,并且给他们建议。

普通体能水平测试的练习

1. 站立式起跑 30 米(秒)。

2. 300 米跑(秒)。

3. 3×10 米接力跑(秒)。

4. 立定跳高(厘米)。

使用阿巴拉考夫结构带拉装置,此装置是固定在一个边长为 50 厘米的正方形的一条边的中点上。测试者系上腰带并站在正方形中间,将确定带子的最初位置的数据记录下来。实验者按照口令双脚离地跳跃,第一次和最后一次的数据之差决定弹跳高度。被测试者要在正方形场地内着地。取两次尝试中最佳成绩。

5. 立定跳远(厘米)。

6. 6 分钟跑(米)。

7. 掷 1 公斤实心球(厘米)。

靠墙坐并将两腿向前伸,用双手从头部上方进行投掷。实验者的肩膀应该保持水平。取三次中最好的成绩。

8. 引体向上(次)。

9. 俯卧撑(次)。

专业体能水平测试的练习

1. 两脚运球(左右脚交替)。取三次中最好的成绩。

2. 用头运球。取三次中最好的成绩。

3. 30 米运球跑。

站立式起跑完成练习。受测者在跑的过程中至少三次触球。任何方式运球均可。

4. 8 字形运球。

用 4 根柱子围出边长为 10 米的正方形。在正方形中间立第 5 根柱子。测试者根据信号完成带球,从柱 1 到柱 2,绕过柱 2 将球带到柱 3,以此类推,最后回到终点柱 1 (图 275)。取两次中最佳成绩。

5. 单脚踢静止的球,记录射中目标的次数。

此练习在球场上进行。在靠近边线处

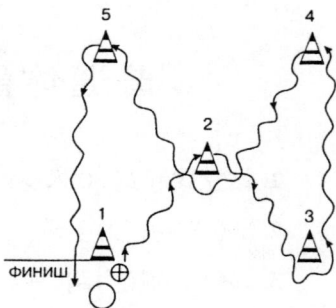

图 275

（与 6 米罚球点保持一定的距离，分别给不同的年龄组）画两个直径是 2 米的圆 A 和圆 Б（图 276）。在每个圆圈的中心点与 6 米罚球点之间的直线中点处，立一根 1 米高的柱子。实验者将静止的球踢向两个圆，左脚和右脚各踢三次。球摆放在 6 米罚球点上。这样，实验者完成 6 次踢球。如果球飞过柱子，落入圆圈内或者压到圆圈边线上，算射中。统计射中球的总数。

6.综合测验（运球，带球过柱和射门）。

在球场上进行练习。测试者根据声音信号运球 12 米，然后绕过 5 个柱子，这些柱子之间的间隔距离为 2 米，在距球门 8 米处射门（图 277）。在球越过球门线上空时，就算完成练习。取三次中最佳成绩。

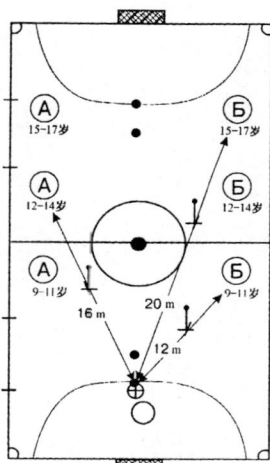

图 276

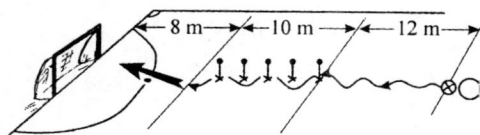

图 277

守门员训练
水平的测验

1. 定点掷球，计算入球数量。

第一个测验在球场上进行。在距离 6 米罚球点 10 米处、12 米处及 14 米处，分别用立柱标出球门，供 11—12 岁的学生，13—14 岁的学生及 15—17 岁的学生使用。两根立柱之间宽 1.5 米。实验者站在罚球区内（靠近 6 米罚球点），用"滚"的方法掷球，使球滚入球门（图 278）。完成 6 次投掷，统计进球总数。

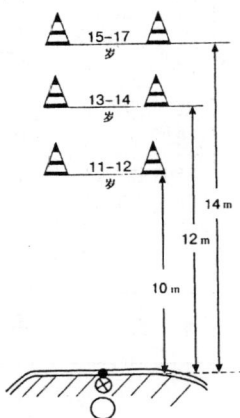

第二个测验也在球场上进行。完成测验需要使用（图 276）中的标示。只是最近的圆供 11—12 岁的学生使用，中间的圆供 12—14 岁的学生使用，最远的圆供 15—17 岁的学生使用。场上的立柱高度为 1.5 米。实验者站在罚球区内（靠近 6 米罚球点），从肩膀后掷球，使球飞过柱子落入圆圈内。向圆圈 A 掷球三次，向圆圈 Б 掷球三次，统计进球的总数。

图 278

2. 踢空中球射门，计算射中的次数。

完成测验需要使用（图 276）中所示的标记。被测验者站在罚球区内，踢空中球，使球飞过柱子落入圆圈。向圆圈 A 踢射三次，向圆圈 Б 踢射三次，统计进球的总数。

基本体能培训及专业培训的标准，列举在表 13、14 和表 15 中。

五人制足球球员基本体能培训标准　　　　表 13

测试练习	性别	年　龄									
		8	9	10	11	12	13	14	15	16	17
站立式起跑 30 米(秒)	男	6.4	6.2	6.0	5.8	5.6	5.4	5.2	4.9	4.8	4.7
	女	6.5	6.4	6.2	6.0	5.9	5.8	5.7	5.6	5.5	5.3
30 米跑(秒)	男	66.0	64.0	62.0	60.0	58.0	—	—	—	—	—
	女	68.4	66.2	64.2	62.0	61.0	—	—	—	—	—
3×10 米接力(秒)	男	9.5	9.3	9.0	8.8	8.6	8.5	8.3	8.0	7.6	7.4
	女	10.1	9.7	9.5	9.3	9.1	9.0	9.0	8.8	8.6	8.6
6 分钟跑(米)	男	—	—	—	—	1150	1200	1200	1300	1350	1400
	女	—	—	—	—	950	1000	1050	1100	1100	1200
立定跳高(厘米)	男	28	32	36	40	48	53	57	60	64	68
	女	25	29	32	34	36	38	40	42	44	48
立定跳远(厘米)	男	150	160	170	178	185	190	194	197	200	220
	女	130	135	140	145	150	155	160	165	170	190
投掷实心球(1公斤)(米)	男	5.0	5.3	5.8	6.2	6.8	7.2	7.6	8.0	8.4	8.8
	女	3.4	3.8	4.2	4.6	4.8	5.2	5.6	6.0	6.4	6.8
引体向上(次)	男	—	—	—	—	—	5	6	7	8	10
	女	—	—	—	—	—	—	—	—	—	—
俯卧撑(次)	男	4	6	8	10	15	—	—	—	—	—
	女	3	4	5	7	9	12	14	16	18	20

五人制足球球员专业培训标准　　　　表 14

测试练习	性别	年　龄									
		8	9	10	11	12	13	14	15	16	17
用脚运球(左右脚交替)(次)	男	—	6	8	12	16	20	26	30	36	40
	女	—	4	6	10	12	15	18	22	26	30
用头项球(次)	男	—	5	8	12	16	18	22	24	26	30
	女	—	4	6	8	10	12	14	16	18	22
运球 30 米跑(秒)	男	—	6.9	6.5	6.3	6.2	6.0	5.8	5.5	5.1	4.8
	女	—	7.2	6.8	6.6	6.5	6.3	6.0	5.7	5.4	5.1
8 字形运球(秒)	男	+	+	+	+	+	+	+	+	+	+
	女	+	+	+	+	+	+	+	+	+	+
综合练习(秒)	男	+	+	+	+	+	+	+	+	+	+
	女	+	+	+	+	+	+	+	+	+	+
定点踢球(射进数量)	男	—	2	3	3	3	3	3	4	4	5
	女	—	2	3	3	3	3	3	4	4	4

注释:"+"表示超过标准指数。

<table>
表格
</table>

五人制足球守门员培训标准   表 15

			守门员									
定点投球（射中数量）	练习1	男	—	—	—	3	4	3	4	4	4	5
		女	—	—	—	3	3	3	3	3	3	4
	练习2	男	—	—	—	3	4	3	4	4	4	5
		女	—	—	—	3	3	3	3	3	3	4
射空中球（射中数量）		男	—	—	—	2	3	4	4	4	3	4
		女	—	—	—	2	3	3	3	3	3	3

自我检测

    自我检测是指学生系统而独立地观察自身的健康状况、体力和体能的变化。个人检测首先是观察身体机能的状况，分析五人制足球课对身体机能的主观和客观指标的影响。

    客观指标包括测量得出的量化数据：人体测量指标（身高、体重、胸围和其他指标）；人体机能指标（心率、呼吸深度和频率、肺活量）；不同肌肉组织的力量指标。

    主观指标包括总体自我感觉、心情、疲劳感、睡眠与胃口的改变，对自我工作能力及其变化的感觉等等。例如，如果室内足球运动员下课后仍有继续训练的愿望，他们的自我感觉，心情、睡眠、胃口都很好，这就意味着完全能够承受负荷。如果课堂上的体力负荷对于运动员来说太大或者是过大，立刻就会反映在球员的睡眠上，其特征为难以入睡，半夜惊醒，睡醒后感到没精神、疲惫、工作能力下降。

    确定客观和主观指标应该在睡眠后，室内足球小组的课前和课后，以及第二天早晨。球员在自我检测时完全可以进行一些记录和分析心率的功能的测试。这能够给他们提供心血管系统和呼吸系统运行的重要信息。但是首先要教会学生使用秒表正确测量脉搏。这可以用多种不同的方法在身体的不同位置进行测量：三个手指按在手腕上的桡动脉；手掌放在心脏处；大拇指和食指放在颈动脉；指尖放在太阳穴上（太阳穴动脉）

（图 279）。通常测量心率的时间为一分钟（可以测量 10 或 15 秒，然后将所得数量乘以 6 或者 4）。

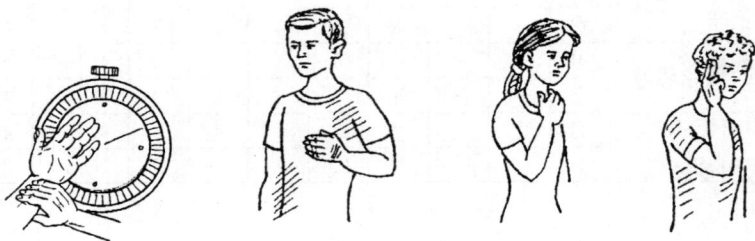

图 279

　　球员还可以做屈膝下蹲的测试。首先要测量出静止状态下的心率，然后 30 秒钟完成 20 个下蹲动作，测出脉搏恢复到初始水平的时间。

　　施坦格和简奇的测试方法，是用于测试缺氧时的身体机能状况，这些方法将逐渐用于个别课程上的自我检测。

　　球员养成记录自我检测日记的习惯是很重要的。日记包括两部分：第一部分（表 16）记录每个月身体的成长情况，如肺活量、胸围和腰围，手掌力量测试的数据等等。

自我检测表　　　　　　　　　　　　　　　　表 16

指标 月份	身高 （厘米）	体重 （公斤）	肺活量 （毫升）	周长（厘米）		手掌力量（公斤）	
				胸围	腰围	右手	左手
九月							
十月							
其他月份							

　　日记的第二部分（表 17），每天记录的指标包括自我感觉、工作能力、睡眠、胃口，足球小组课前及课后的心脏收缩频率，以及课堂的体力负荷情况和课程的时间长度。记录自我感觉、工作能力、睡眠、胃口这些指标时，建议按照五分制评分，即：5—很好，4—良好，3——般，2—差，1—极差。

196

球员应该定期给教练员看自我检测日记,如果有球员的自我感觉有变坏的趋势,那么就需要去看医生。

自我检测日记　　　　　　　　　　表 17

指　　标	星　　　期						
	1	2	3	4	5	6	7
自我感觉(分值)							
工作能力(分值)							
睡眠(分值)							
胃口(分值)							
早晨静止状态下,心脏收缩频率(次/每分钟)							
课前心脏收缩频率(次/每分钟)							
课后心脏收缩频率(次/每分钟)							
课上的体能负荷(轻度,适中,重度)							
课程时间长度(分钟)							

后　记

　　"一年好景君须记，最是橙黄橘绿时。"秋季是一年四季中最美的季节，秋季更是收获的季节。在这金桂飘香枫叶红，长风万里送秋雁之时，《青少年五人制足球》一书付梓问世。

　　2009 年又喜逢共和国 60 华诞，适逢其时，仅以此书向国庆献礼。

　　这部著作的翻译出版，是众人努力的结果。

　　二〇〇七年岁尾，得益于我的俄罗斯朋友——俄远东地区五人制足球协会主席尤金先生的努力，俄罗斯五人制足球联盟主席谢苗·安德列耶夫一行访问了大连，并带来了俄罗斯五人制足球训练的最新教材——《青少年五人制足球》一书。

　　五人制足球特点鲜明，在俄罗斯深受青少年欢迎。其场地小、人数少，允许随时换人，所以球员触球的机会多；其射门机率大，比分高，所以容易引起孩子们的兴趣；其攻防转换节奏快，竞争激烈，所以观赏性强。因此，凸显实战能力和体能水平的五人制足球是俄罗斯校园足球的主要内容，也是培养 11 人制高水平足球后备人才的有效手段和途径，值得我们认真学习和借鉴。

　　谢苗·安德列耶夫主席将他的最新著作《青少年五人制足球》一书的版权无私地送给了中国，并希望在中国翻译出版，还郑重地签定了协议。中国足协对此事十分关注和支持，安排我来完成这部书的翻译出版工作，这既让我兴奋又倍感压力。兴奋的是，这件事无疑是大连足球界的一件大事，对促进青少年足球运动持续发展大有益处；其压力主要是诚恐个人的能力有限，翻译出版若有失误，将有负于谢苗·安德列耶夫主席对中国足球的一片盛情，更有负于中国足球协会的信任和希望。

本想把这本译著献给北京奥运会，但在难忘的 2008 年，举国上下都在为北京奥运会激动和奔忙。奥运火炬、残奥火炬在大连传递的筹备和相关工作，让我感到时间和精力的不足，更因为我的能力有限，因此，这部译著迟至今日才与读者见面。本人即非足球专家，亦非俄文专家，所以这部译著的错误之处实属难免，衷心的希望专家们指正！

感谢谢苗·安德列耶夫主席的无私奉献！

感谢中国足协对这本著作翻译出版的高度重视和鼎力支持！

感谢薛立副主席在百忙中多次过问这项工作并为本书作序！

祝青少年朋友们在五人制足球运动中找到健康和快乐！

企望这部译著能为中国足球运动的腾飞贡献绵薄之力！

孙新生

2009 年 9 月

于大连黑石礁无笔堂

参 考 文 献

1. C. H. 安德列耶夫。《室内足球》莫斯科，1978，114 页。

2. C. H. 安德列耶夫。《踢室内足球吧》莫斯科，1989，47 页。

3. C. H. 安德列耶夫。《足球是你的运动朋友》莫斯科，1989，144 页。

4. C. H. 安德列耶夫、B. C. 列文。《室内足球——在体校和业余队中培训青少年足球运动员》利·佩茨克，2004，496 页。

5. Л. B. 巴依博罗多娃、И. M. 布京、T. H. 列昂季耶娃、C. M. 玛斯列尼科夫。《体育教学法》(1—11 年级)。莫斯科，2004，248 页。

6. M. M. 博根。《运动动作教学》莫斯科，1985，192 页。

7. Ю. B. 韦尔霍尚斯基。《运动员专业体能训练基础》莫斯科，1988，331 页。

8. M. B. 维佳金。《中小学课外活动》伏尔加格勒，2004，154 页。

9. Л. B. 沃尔科夫。《儿童和青少年运动的理论和方法》基辅，2002，294 页。

10. Л. Д. 纳扎连科。《体能练习的健康基础》莫斯科，2003，240 页。

11. M. Я. 纳巴特尼科娃主编。《青少年运动员培训基础》莫斯科，1982，237 页。

12. Ю. Д. 热列兹尼亚卡、Ю. M. 波尔特诺娃主编。《体育比赛》(技战术教学)。莫斯科，2001，520 页。

13. A. П. 拉普杰夫、A. A. 苏奇丽娜主编。《青少年足球运动员》(教练参考书)。莫斯科，1983，254 页。

图书在版编目（ＣＩＰ）数据

青少年五人制足球/（俄罗斯）安德烈耶夫著；
孙新生译。–长春：吉林人民出版社，2009.9
　ISBN　978-7-206-06316-9

　I. 青… 　II.①安… 　②孙… 　III.足球运动–基本知识
IV.G843

中国版本图书馆CIP数据核字（2009）第167686号

青少年五人制足球

著　　者：谢苗·安德烈耶夫
译　　者：孙新生
责任编辑：李文章　卢　绵　　装帧设计：乾　鼎　责任校对：秋　日
吉林人民出版社出版 发行（长春市人民大街7548号 邮政编码：130022）
印　　刷：大连华伟印刷有限公司
开　　本：1/16
印　　张：13.5　　字　数：230千字
标准书号：ISBN　978-7-206-06316-9
版　　次：2009年9月第1版　　印　次：2009年9月第一次印刷
定　　价：30.00元